HEDVIG MONTGOMERY

Die Hedvig-Formel für glückliche Babys

Aus dem Norwegischen von Nina Hoyer

ROWOHLT POLARIS

Deutsche Erstausgabe
Veröffentlicht im Rowohlt Taschenbuch Verlag,
Hamburg bei Reinbek, Mai 2019
Copyright der deutschsprachigen Ausgabe
© 2019 by Rowohlt Verlag GmbH, Hamburg bei Reinbek
Die norwegische Originalausgabe erschien 2018 bei Pilar Forlag AS,
Oslo, unter dem Titel «Miraklenes tid 0–2 år»
Copyright © Hedvig Montgomery & Eivind Sæther 2018
Redaktion Ulrike Gallwitz
Umschlagabbildung und Gestaltung Hauptmann & Kompanie Werbeagentur, Zürich,
folgend dem Design von Hedvig Montgomery & Eivind Sæther 2018,
Die Hedvig-Formel für eine glückliche Familie
Satz Dörlemann Satz, Lemförde,
nach der Originalausgabe
Druck und Bindung GGP Media GmbH, Pößneck, Germany
ISBN 978 3 499 00020 1

INHALT

7 ..... Ihr Kind braucht *Sie*
15 ..... Die erste Zeit

23 ..... **SIEBEN SCHRITTE**
25 ..... ❶ Die Bindung – wie man Nähe zu seinem Kind herstellt
51 ..... ❷ Tiefe Gefühle
77 ..... ❸ Seine Verhaltensmuster überdenken
101 ..... ❹ Grenzen und Konsequenzen – ein behutsamer Beginn
119 ..... ❺ Die Beziehung bewahren
139 ..... ❻ Wenn es zu Krisen kommt
155 ..... ❼ Das Kind (ein wenig) loslassen

172 ..... **WICHTIGE THEMEN FÜR DIE KLEINEN**
174 ..... Stillen und Beikost
187 ..... Schlaf und Rhythmus
207 ..... Die Sprache
218 ..... Familie
229 ..... Soziale Medien
235 ..... Was tun bei besonderen Schwierigkeiten?
249 ..... Das Wesen Ihres Kindes

252 ..... Ein Dankeschön
255 ..... Eine kleine Literaturliste

IHR KIND BRAUCHT *SIE*

Eines Tages ist es einfach da – Ihr Kind. Es ist nackt und hilflos; atmet, weint, schläft. Ein fertiges Geschöpf mit Fingern und Zehen. Ein neuer Mensch auf der Welt. Und alles, was es hat, sind *Sie*.

Und jetzt?

Dieses Buch ist Teil einer fünfbändigen Reihe. In *Die Hedvig-Formel für eine glückliche Familie*, dem ersten Band und einer Art Grundlagenwerk, gebe ich Ihnen sieben einfache Schritte an die Hand, die Ihnen helfen sollen, die Mutter oder der Vater zu sein, die Sie gerne sein möchten. Darin schildere ich Ihnen wesentliche Dinge, die Kinder brauchen, um glücklich und zufrieden und mit Ihrer Umwelt im Einklang aufzuwachsen. Das vorliegende Buch richtet sich speziell an Eltern mit Kindern im Alter von 0 bis

2 Jahren. Die folgenden Bände geben Einblick in die sich anschließenden Altersstufen, vom Grundschulalter bis zur Pubertät – mit allem, was Sie an guten wie an schlechten Tagen erwartet. *Die* universale Kindererziehung gibt es nicht – sie muss vielmehr auf die jeweilige Entwicklungsstufe des Kindes abgestimmt sein. Jeder Schritt auf dem Weg hin zum Erwachsenwerden birgt individuelle Herausforderungen und freudige Momente, und während der ganzen Zeit müssen Sie Ihr Kind richtig wahrnehmen und erkennen, wo er oder sie gerade steht.

In diesem Band verrate ich Ihnen, wie Sie Ihrem Kind in den ersten 24 Monaten seines Lebens gerecht werden können. Im ersten Teil veranschauliche ich, inwiefern die soeben angesprochenen sieben Schritte für Ihr kleines Kind bedeutsam sind, und möchte Sie dabei unterstützen, die gängigsten Fehler zu vermeiden. Was ist das Wichtigste, was Sie einem Säugling geben können, was sollten Sie über die Gefühle eines einjährigen Kindes wissen, und warum müssen Sie sich bei einem zweijährigen noch gar nicht so viele Gedanken übers Grenzensetzen machen?

Eltern zu werden ist bewegend und großartig – aber eben auch beängstigend. Jetzt geht es darum, für das kleine Geschöpf zu sorgen, bis es eines Tages flügge wird und in der weiten Welt sein Glück sucht. Jetzt müssen Sie als Familie einen Rhythmus finden, bei dem Sie sich alle miteinander wohlfühlen, und einen

Ort erschaffen, an dem Ihr Kind sich beachtet fühlt und erfährt, dass es sich immer an dieses Zuhause wenden kann, wenn es das Bedürfnis danach verspürt.

Im zweiten Teil dieses Buches will ich eine Antwort auf Fragen geben, die sich alle frischgebackenen Eltern stellen: Was sollte man über den Schlaf des Kindes, über Spiele, die Ernährung und die Sprache wissen? Und – nicht zuletzt – was sollte das Kleine von Ihnen lernen und was können Sie noch getrost vernachlässigen?

Vor allem geht es jedoch darum – und das gleich von Anfang an –, eine emotionale Bindung zu Ihrem Kind herzustellen.

Jetzt legen Sie das Fundament für das Selbstvertrauen und das Geborgenheitsgefühl Ihres Kindes, auf das es in allen Lebenslagen sollte bauen können: während der ersten Schritte, der ersten wackeligen Fahrradfahrt, bei Erfolgen und Niederlagen.

Die ersten beiden Lebensjahre eines Kindes haben etwas Wundervolles an sich. Mir fällt kein besseres Wort ein für die unglaubliche Reise eines hilflosen kleinen Säuglings hin zu einem selbständig neben einem herlaufenden plappernden Kleinkind. Von dem Moment, an dem es nichts allein tun kann, hin zu dem, an dem es alles allein tun will.

Diese ersten zwei Jahre sind ein Kosmos für sich.

Sie werden Augenblicke der Verzweiflung und auch der Angst

erleben. Tage, an denen Sie sich fragen werden, ob Sie das Richtige tun, und Tage unbeschreiblichen Glücks.

Das kleine Bücherregal in meiner Praxis unter den großen Fenstern – die ich bald einmal wieder putzen sollte – biegt sich unter jeder Menge Fachliteratur. Die ältesten Bücher darunter haben schon etwas abgegriffene Ecken und zeugen davon, dass ich meinen Beruf schon eine ganze Weile ausübe.

Wie ich hier so sitze, geht mir durch den Kopf, dass ich Eltern eigentlich immer ein und dasselbe gesagt habe: Ihr Kind braucht *Sie*.

Das kleine Wesen ist völlig von Ihnen abhängig und braucht Ihre Nähe, Ihre Wärme, Ihre Nahrung, das Gefühl Ihrer Haut. Ihr Kind ist nicht darauf angewiesen, dass Sie alles bis ins kleinste Detail richtig machen, dass Sie die modischsten Windeln oder die biologischste Nahrung kaufen. Er oder sie kann auf Ihre Schamgefühle, Sie würden Ihrer Elternrolle nicht gerecht, verzichten, kann auf hübsche Aufnahmen von sich verzichten oder darauf, dass Ihr Umfeld Sie für eine perfekte Mutter oder einen perfekten Vater hält.

Worauf es aber nicht verzichten kann, sind *Sie* – mit all Ihren Irrtümern und Fehlern, in all Ihrer Unzulänglichkeit. Sie sind und bleiben die wichtigsten Menschen im Leben Ihres Kindes. Ihr Kind ist darauf angewiesen, dass Sie Ihre Aufgabe nach allen Kräften meistern. Und dass Sie – wann immer Sie damit scheitern – versuchen, es wiedergutzumachen.

Dieser kleine Mensch vor Ihnen – mit den sanften Gurgellauten, den wachen Augen, dem sich bald auf dem Gesicht abzeichnenden Lächeln – steht für einen Beginn. Den Beginn der bedeutendsten Aufgabe, die Sie je haben werden.

Freuen Sie sich einfach darauf – auf Sie kommt eine wundervolle Zeit zu.

PLATZ IST IMMER

Es gibt geplante und ungeplante Schwangerschaften. Es gibt besonders sehnsüchtig erwartete Kinder, deren Geburt Jahre voller Hoffen und Bangen, Jahre voller Enttäuschungen vorausgegangen sind. Andere Kinder wiederum nehmen im Bauch der Mutter Gestalt an, während die Eltern insgeheim denken mögen: «Ob das jetzt so klug ist?» Hinter einem werdenden Leben stehen so viele Geschichten, aber am Ende, wenn es wahr wird, ist das Kind einfach da.

Wo immer Sie auch stehen – wenn es da ist, findet sich immer ein Platz für das Kind. Ein Kind ist immer bereichernd, ist immer wünschenswert. Eine Geburt tilgt jegliche Zweifel und Sorgen. Ich weiß, wovon ich rede, weiß, was es heißt, Schmerzen auszustehen, und was es mit einem macht, wenn das Kind zu einer Tatsache wird, einer festen Größe im Leben, einer Liebe.

Für ein Kind ist immer Platz.

Nun ist es an Ihnen, alles in Ihrer Macht Stehende dafür zu tun, die Liebe, die Ihnen zuteilwird, und den Raum, der sich Ihnen nun bietet, zu nutzen.

DIE ERSTE ZEIT

Es ist schon seltsam, dass ich mich im Grunde an alles erinnere. Ein Vierteljahrhundert ist seit der Geburt meines ersten Sohnes vergangen, und trotzdem stehen mir alle Einzelheiten noch klar vor Augen. Es war morgens an einem jener ersten kalten Oktobertage in Oslo, Tage, die unmissverständlich den Winter einläuten. Ich erinnere mich noch an die Kunststofffußleisten meines Zimmers, an den Geruch von frisch gereinigten Böden und den der sterilen Krankenhausbettwäsche, und ich erinnere mich an die eigentümliche Stille nach der Entbindung, an die gedämpften Geräusche vom Gang und aus den anderen Zimmern, in denen weitere Kinder zur Welt kamen. Erinnere mich an einen ganzen Chor neuer Menschen. An die ganze damit verbundene Hoffnung.

Ich blickte auf meinen neugeborenen Sohn herunter und fand es merkwürdig, wie vollkommen er war. Die winzigen Nägel überall dort, wo sie sein sollten, Augen, die sich allmählich an das Licht

gewöhnten, die Lippen, die leise Schmatzgeräusche machten.
Es mag sich vielleicht seltsam anhören, aber er war schon ein eigener Mensch – war nicht ein Teil von mir, sondern nur er selbst. Ich beugte mich dicht über ihn und flüsterte etwas pathetisch: «Ich werde dich immer vor allem beschützen.»
Erst eine ganze Weile später wurde mir klar, dass meine Worte von damals nicht stimmen – denn das geht nicht.

Die neue Gemeinschaft pflegen

Eine Geburt ist immer eine Frage von Leben und Tod. Ihr haftet etwas Urtümliches an, das uns in unserer technologischen Zeit beinahe fremd erscheint. Leben zu geben bringt einen der eigenen Natur näher. Man wird dieses Erlebnis das ganze Leben in sich tragen, als gebärende Frau oder als der daran beteiligte Partner. Dieser Moment wird ein Teil von einem selbst.

Jenseits des Schmerzes eröffnet sich einem etwas Neues, Unbekanntes – eine kleine Gemeinschaft ist im Entstehen, die Sie bewahren sollten. Diese erste Zeit sollte deshalb nur Ihnen allein gehören. Vor allem, da es für Familien oft ein langer Prozess ist, zusammenzuwachsen.

In diesen Tagen verträgt man nur wenig. Alles ist hochemotional – schön, aber zerbrechlich. Die kleinste Bemerkung der Schwiegermutter, kritische Äußerungen der Krankenschwester, alles trifft einen unmittelbar. Ich selbst hielt mich direkt nach der

> **DEN MOMENT MITEINANDER TEILEN!**
> Die Zeit unmittelbar nach der Geburt ist eine Zeit der Nähe zwischen Ihnen und Ihrem Kind, aber auch eine Zeit des gemeinsamen Erlebens. Bringen Sie Ihr Kind allein zur Welt, kann es sein, dass Sie diesen Moment vielleicht gerne mit jemandem teilen möchten. Dafür reichen soziale Medien nicht aus, Sie brauchen einen Menschen aus Fleisch und Blut dafür.

Geburt für fähig, einen Marathon zu laufen – in einem wahren Endorphinrausch –, war aber am dritten Tag nicht mal in der Lage, zum Krankenhauskiosk zu gehen, und die Wahl zwischen zwei Sorten Tomaten an der Gemüsetheke brachte mich an den Rand des Zusammenbruchs. Der Überschuss an Östrogenen nimmt ab und der Körper braucht Zeit, um sein Gleichgewicht wiederzufinden. Da hilft nur Folgendes: Ruhe, Nähe und Beistand.

Die rohe Ursprünglichkeit der Geburt tritt in den Geschichten, die wir erzählen, meistens in den Hintergrund, doch es verlangt einem viel ab, ein Leben in die Welt zu setzen, das gilt auch für Kaiserschnittgeburten.

Ich habe selten jemanden von einer völlig normalen Geburt erzählen hören. Viele empfinden sie als dramatisch, und ich habe schon häufig gedacht, dass es für Mütter ein therapeutisches Angebot geben müsste, über das Erlebte zu sprechen, um dem Ungewöhnlichsten, was einem im Lauf seines Lebens widerfährt, Ausdruck verleihen zu können. Es wäre der Gesundheit förderlich, Worte für das zu finden, was man durchgemacht hat, seine eigene Geschichte niederzuschreiben, einen Ort dafür zu finden.

Sicherheit

Ein Baby zu bekommen bedeutet auch, jemanden zu haben, den man verlieren kann. Ziemlich rasch befallen einen Gedanken daran, was dieses kleine Wesen braucht und wovor man es beschützen sollte. Überbehütende Eltern wittern Gefahren in jedem Lego-Stein, jedem Erwachsenen, der das Kind schief ansieht, in ungewaschenen Händen und furchterregenden Viren. Jede noch so alltägliche Strecke kann plötzlich mit Gefahren und Hindernissen gepflastert sein. Dazu gibt es Kleidung, die nichts taugt, bedenkliche Inhaltsstoffe in der Bettwäsche, Essen, das verschluckt werden könnte – die Liste ist endlos. Das ist auch ganz natürlich, so sind wir gestrickt: Wir *müssen* uns auch ein bisschen Sorgen machen.

Ein Säugling weiß noch nicht, dass er auf dem Rücken schlafen sollte, und ein sechs Monate altes Kind kann vom Wickeltisch fallen. Ein acht Monate altes Kind wird auf ungesicherte Treppen zukrabbeln und ein einjähriges kann Dinge aufsammeln, die es nicht verschlucken sollte, während ein bald zweijähriges unbeschwert in Richtung Straße losrennen kann. Sie sollten dafür sorgen, dass die nötige Sicherheit gegeben ist – aber Sie können sich unmöglich gegen sämtliche Gefahren des Lebens absichern.

Und dennoch wird bei vielen Eltern aus Sorge Angst. Nimmt Ihre Angst überhand, werden Sie für das Kind unerreichbar. Dann haben Sie genug mit Ihrer eigenen Angst zu tun und sind nicht ganz bei Ihrem Kind, dort, wo Sie sein sollten.

Als ich meinem Sohn an jenem Morgen im Krankenhaus zu-

DIESE SICHERHEITEN SOLLTEN GEGEBEN SEIN

1. Sorgen Sie dafür, dass das Kind in Rückenlage in einem gut temperierten Zimmer schläft.
2. Sichern Sie Treppen und Fenster.
3. Sichern Sie schwere Möbelstücke, damit diese nicht auf das Kind fallen können.
4. Achten Sie darauf, dass das Kind keinen Zugang zum Herd und zu offenem Feuer hat. Überprüfen Sie die Funktionstüchtigkeit von Brandmeldern.
5. Lassen Sie das Kind nicht unbeaufsichtigt auf dem Wickeltisch liegen.
6. Seien Sie vorsichtig mit heißen Flüssigkeiten und Speisen, wenn das Kind in der Nähe ist.
7. Schütteln Sie das Kind nie! Kleine Kinder sind weitaus empfindlicher, als viele meinen.

geflüstert habe, dass ich ihn vor allem beschützen würde, habe ich mich geirrt. Sie sollen Ihr Kind nicht vor allem beschützen, aber Sie sollten derjenige sein, zu dem es immer kommen kann.

Sie sollten Geborgenheit vermitteln.

SIEBEN SCHRITTE

DIE BINDUNG – WIE MAN NÄHE ZU SEINEM KIND HERSTELLT

Was macht uns zu dem Menschen, der wir sind? Was macht uns glücklich, was einsam? Was schenkt uns Sicherheit und Geborgenheit und was ruft Unruhe hervor?

Schon im Kreißsaal beginnt Ihr Kind mit Ihnen zu kommunizieren. Vom ersten Tag seines Lebens an sendet es Ihnen kleine Signale, erwartet Ihre Erwiderung und reagiert darauf. Das kleine Kind liebt die Stimme seiner Mutter, seines Vaters, ihren Geruch, ihre warme Haut. Ist es nicht schön, dass wir Menschen von Anfang an die Gemeinschaft suchen, dass wir zusammen sein wollen?

> Im ersten Lebensjahr des Kindes muss nichts gelernt, nichts getan werden. Wichtig sind nur Nahrung, Trost und Streicheleinheiten. Alles andere kann warten.

Noch stehen Sie ganz am Anfang. Sie und Ihr Kind sind sich gerade erst begegnet, und die Kindheit währt lang. Vielleicht ist die erste Begegnung deshalb so überwältigend? Unabhängig davon, ob Sie ein eigenes Kind gebären oder ob Sie ein Kind adoptieren, den Augenblick, an dem sie es das erste Mal sehen, werden Sie niemals vergessen. Manch einer braucht etwas Zeit, um eine enge Verbindung zum Kind zu verspüren, andere tun dies schon beim Anblick der ersten undeutlichen Ultraschallbilder – des kleinen, rastlos schlagenden Herzens. Irgendwann wird zwischen Ihnen und Ihrem Kind jedenfalls das aufkeimen, was ich als BINDUNG bezeichne – wodurch Sie einander sowohl mit als auch ohne Worte verstehen und wodurch sich Ihr Kind bei Ihnen gut aufgehoben fühlt.

Wer mich kennt, weiß, dass ich bei jeder sich bietenden Gelegenheit von der Wichtigkeit dieser emotionalen Bindung erzähle.

Sie besteht aus drei Bausteinen. Ziel sollte sein, dem Kind in den ersten 24 Lebensmonaten das Gefühl zu geben, dass es einen Ort gibt, wo es immer zu Hause ist, eine Gemeinschaft, in der es immer willkommen ist – so, wie es ist.

Ihre Aufgabe als Eltern besteht darin, diese Bindung um jeden Preis zu bewahren – egal, was Sie und Ihr Kind erwartet.

DIE BINDUNG gibt Ihrem Kind das nötige Rüstzeug für alles, was auf es zukommen wird. Sie entscheidet darüber, ob ein selbständiger, sicherer und glücklicher Mensch aus ihm wird, der sich gut in seine Umgebung einfügt.

Ich spreche gewöhnlich von drei verschiedenen Wegen, die Sie beschreiten müssen, um dieses Ziel zu erreichen.

1. Ein sicheres Fundament schaffen

Ein sicheres Fundament zu schaffen bedeutet, dass Sie als Elternteil dem Kind bei allem helfen, was es nicht allein kann. Das obliegt Ihrer Verantwortung als Mutter oder Vater. Das klingt womöglich einfacher, als es ist, denn es heißt auch, dass Sie lernen müssen, sich in Ihr Kind hineinzuversetzen und zu verstehen, was es möchte. Ein Neugeborenes hat nur eine Möglichkeit, sich verständlich zu machen, wenn etwas nicht stimmt: Es weint. In diesen ersten Jahren wird es also viel weinen, aber das Weinen stellt auch den für das Kind absolut notwendigen Kontakt her.

Wenn wir auf die Welt kommen, empfinden wir zuallererst Angst. Wir frieren und sind hungrig. Die Welt ist lange ein ziemlich fremder Ort für uns. Geborgenheit braucht Zeit, und sie muss erlernt werden. Man fühlt sich nur zu leicht unzulänglich, wenn einem Verletzlichkeit, Hilflosigkeit und Weinen entgegenschlagen. Gelingt es Ihnen aber, den Bedürfnissen Ihres Kindes gerecht zu werden, legen Sie damit das Fundament für eine gute Beziehung. Auch wenn Sie das vielleicht manchmal zermürbt, so hat all das Trösten, das liebevolle Summen, das Wiegen seinen Sinn. In all diesen Situationen, in denen Ihr Kind Sie braucht, sagen Sie ihm damit: «Ich bin da.» Jede Minute ist eine Investition.

Es ist noch gar nicht lange her, da suchte mich ein Paar in meiner Praxis auf. Sie erwarteten ihr erstes Kind und hatten viele Fragen. Das Baby, das erst in einigen Monaten geboren werden sollte, war ihnen noch ziemlich fremd – besonders dem Vater. Das ist eigentlich nicht schwer zu verstehen: Solange das Kind nicht auf der Welt ist, existiert es nicht. Erst gegen Ende unseres Gesprächs schien ihm etwas klar zu werden. Er erkannte die Dimension dessen, was auf ihn zukam, und mit deutlicher Besorgnis in der Stimme fragte er: «Was soll ich eigentlich dabei tun? Was ist meine Rolle?» – «Das ist eigentlich ganz einfach», sagte ich. «Sie sollen Ihrem Kind zeigen, dass Sie für es da sind, dass es bei Ihnen geborgen ist und es ihm hier gut ergeht. Ein Neugeborenes braucht unendlich viel Nähe und Trost. Sie sollten das Kleine tragen, es wiegen, ihm vorsingen. Sie sollten hören, wenn das Kind Sie braucht.»

GELINGT ES IHNEN, IHREM KIND JEDEN TAG ZU SIGNALISIEREN, DASS SIE FROH SIND, DASS ES AUF DER WELT IST, WIRD IHRE BEZIEHUNG DURCH EIN WERTVOLLES VERTRAUENSBAND GEFESTIGT.

Er setzte sich etwas aufrechter hin und sagte mit einem kleinen Lächeln: «Das schaffe ich.»

Es ist wichtig, dass Ihr Kind vom ersten Tag an Trost und Zuwendung bei Ihnen finden kann. Gehen Sie auf Ihr weinendes Kind zu, helfen Sie ihm auf eine Art, die es verstehen und annehmen kann. Umarmen und streicheln Sie es, pusten und trösten Sie. Bieten Sie ihm einen guten Ort zum Weinen, Ihren warmen Hals, Ihre sicheren Arme. So errichten Sie die Grundlage für eine feste Bindung zwischen Ihnen. So werden Sie ein verlässliches Fundament für Ihr Kind.

2. Eine Familie bilden

Der zweite Baustein der Bindung, die Sie errichten sollten, zielt darauf ab, Kindern das Gefühl zu geben, dazuzugehören. Das Kind liebt es, in einer Familie zu leben, und kleine, von Ihnen ausgesendete Signale werden ihm das Gefühl vermitteln, Teil von etwas zu sein, Teil einer Gemeinschaft, ein WIR zu sein.

Kinder brauchen Gewohntes: den blauen Teller, die angestammte Kuscheldecke, die alten Lieblingsspielzeuge. Bereits im Alter von einem Jahr wird Ihr Kind merken, ob Sie ihm den Weg ebnen, ob Sie ein Zuhause erschaffen, in dem es seinen Platz hat. Deshalb sollten die Kinderspiele nicht nur im Kinderzimmer stattfinden, sondern auch dort, wo Sie beisammen sind.

Außerdem sind Routinen wichtig. Das Kind braucht das Gefühl, dass die Familie etwas Eigenes hat, was nur ihr gehört, einen Refrain, zu dem alle die Melodie kennen. Es braucht einen geregelten Tagesablauf, gemeinsam eingenommene Mahlzeiten, verlangt danach, dass die Lieder gesungen werden, die es liebt, dass dieses eine bestimmte Buch gelesen wird, bevor es ins Bett geht. Kinder fühlen sich wohl, wenn sie mit ihren Eltern nach einem bestimmten, vertrauten Rhythmus leben.

Ich erteile meist einen sehr einfachen Rat: In den kommenden Jahren sollten Sie Ihr Kind, jedes Mal, wenn es ins Zimmer kommt, mit Begeisterung und Liebe empfangen. Immer und immer wieder. So knüpfen Sie ein Band zwischen sich, so wird ein «Wir» aus Ihnen.

Nach der frühen Kleinkindzeit weitet sich der Kreis für das

> Zu einigen Kindern lässt sich Nähe nur schwer herstellen. Sie wenden sich ab, wollen keinen Trost und keine Streicheleinheiten, doch das bedeutet nicht, dass sie allein zurechtkommen. Versuchen Sie es weiter. Streichen Sie vorsichtig über Hände und Füße. Sie können dem Kind keine Geborgenheit aufzwingen, aber es in Einsamkeit abgleiten zu lassen, ist niemals eine gute Lösung.

Kind: Großeltern oder gute Freunde können als Babysitter fungieren, vielleicht ist es auch Zeit für den Kindergarten oder eine Tagesmutter. Auf jedem neuen Terrain, das es betritt, braucht das Kind das Gefühl, auch dort dazuzugehören. Kinder wollen ihre kleinen, gewohnten Dinge: einen Becher im Schrank, ein bereitliegendes Spiel, einen bekannten Erwachsenen, der es begrüßt. Diese kleinen Fäden von Gemeinschaft kann Ihr Kind dann aufgreifen.

Unabhängig davon, ob Ihre Familie aus vielen oder wenigen Mitgliedern besteht, benötigt jeder Einzelne seinen ganz bestimmten Platz in der Gemeinschaft. Wie Sie das erreichen, ist nebensächlich und wird variieren. Doch für das Kind ist es in jedem Fall lebenswichtig, zu spüren: «Hier bin ich daheim.»

3. Hinschauen und den Gefühlen Raum geben

Sie sollten alle Gefühle Ihres Kindes akzeptieren und wissen, dass diese eine Ursache haben. Bei allem, was Ihnen begegnet, sollten Sie ernsthaft versuchen, Ihr Kind zu verstehen und ihm in jeder Lage gerecht zu werden. Je älter Ihr Kind wird, desto mehr wird es von Ihnen erwarten. Ein Neugeborenes will gehalten und beruhigt werden, während Sie mit einem zweijährigen Kind sprechen und ihm erklären müssen, was geschieht.

Es wird der Tag kommen, an dem Ihr Kind auf etwas, was in Ihren Augen gar nicht so wichtig ist, mit Verzweiflung reagiert. Vielleicht haben Sie Ihrem Kind von anderthalb Jahren angekündigt, dass Sie zu Fuß zum Kindergarten gehen, aber dann müssen Sie stattdessen das Auto nehmen, und Ihr Kind ist furchtbar enttäuscht. In solchen Fällen lautet die Reaktion der Eltern oft: «Aber das ist doch kein Grund, enttäuscht zu sein!» Damit ziehen Sie jedoch ein echtes Gefühl ins Lächerliche, und Ihr Kind wird sich dumm und unzulänglich fühlen. Sagen Sie dagegen: «O, dachtest du, wir gehen zu Fuß? Ja, das ist eigentlich auch schöner, aber heute haben wir dafür nicht genug Zeit», haben Sie ernst genommen, wie das Kind die Situation erlebt, das Gefühl verstanden und ihm Raum gegeben. So vermitteln Sie Ihrem Kind, dass mit ihm alles in Ordnung ist.

Die ersten zwei Jahre sind voller Wut, Freude, Verzweiflung und Liebe, voller starker und ursprünglicher Emotionen. Zeigen

Sie dem Kind, dass für all seine Gefühle Platz ist, dass es sich mit allem an Sie wenden kann. Es ist an Ihnen, dem Kind dabei zu helfen, seine Gefühle zu benennen, und ihm einen Weg aus einer starken Emotion zu weisen. Das wird mit Sicherheit eine zeitraubende Arbeit, aber je stärker ein Kind seine Gefühle offen ausdrücken darf, desto besser wird es ihm im Leben ergehen.

Um die Gefühle des Kindes zu bestätigen, müssen Sie sich auf seine Frequenz einstellen, das Gefühl des Kindes erspüren und ihm zeigen, dass Sie auch auf dieses Gefühl eingehen und es verstehen können. Dadurch signalisieren Sie Ihrem Kind: «Ich sehe, wie es dir geht, ich sehe, wer du bist, und das ist völlig okay so. Ich bleibe bei dir.»

Und das gehört mit zu dem Schönsten, das Sie für einen anderen Menschen – egal ob es ein Erwachsener oder ein Neugeborenes ist – tun können. Darauf muss Ihr Kind seine ganze Kindheit über zählen können.

Zugang zum Kind finden

Sind Sie als Eltern zu zweit, muss jeder von Ihnen an der Bindung zu dem Kind arbeiten. Meistens findet einer von Ihnen zuerst den Zugang zum Kind, und es holt sich dort die Liebe, die es braucht. So habe ich mit dem Vater eines mehrere Monate alten Sohnes gesprochen, der sich von seinem Kind zurückgewiesen

DAS WEINEN WERTSCHÄTZEN

Das Weinen ist die Sprache des kleinen Kindes. Daran ist nichts Falsches oder Erschreckendes. Es ist seine einzige Möglichkeit, zu kommunizieren, nur so kann es sagen: «Ich brauche dich», «Mir ist heiß», «Ich habe Hunger», «Ich fühle mich allein». Wenn das Kind weint, bedeutet das, dass es Kontakt sucht. Das Weinen ist ein Signal, dass es Sie braucht und auf Sie baut. Beides sagt etwas Gutes aus über die Bindung, die zwischen Ihnen entsteht.

Weinen bedeutet nicht, dass Sie alles fallen lassen und beim kleinsten Pieps angerannt kommen müssen.

Lässt man kleine Kinder jedoch längere Zeit allein, ohne sie zu trösten und ohne sie hochzunehmen, empfinden sie Stress, der ihrer Entwicklung auf Dauer schadet. Dass ein Kind weint, um ein Bedürfnis zu signalisieren, ist aber nichts Schlimmes und wird seine Entwicklung nicht beeinträchtigen. Weinen ist schlicht und einfach etwas Normales, etwas durch und durch Menschliches. Einige Kinder weinen viel und laut, während andere zurückhaltender sind. Ihre Aufgabe als Elternteil besteht darin, die Signale Ihres Kindes zu deuten, Ihrem Kind Verständnis entgegenzubringen, um ihm so den Halt und die Geborgenheit geben zu können,

die es braucht. Vergessen Sie nicht, dass Weinen, egal wie anstrengend es für Sie hin und wieder sein mag, für Ihr Kind der einzige Weg ist, Ihnen zu sagen: «Jetzt brauche ich dich und deine Hilfe.»

Wir alle sind von Natur aus darauf programmiert, auf Kinderweinen zu reagieren – deshalb tut es so weh, ein weinendes Kind sich selbst zu überlassen.

fühlte. «Wenn er nicht mit mir zusammen sein will, akzeptiert man das am besten», sagte er und ergriff damit quasi die Flucht. «Das halte ich für keine gute Idee», antwortete ich. «Das führt nur dazu, dass die ganze Verantwortung auf der Mutter lastet und Sie die emotionale Bindung, die Sie mit Ihrem Sohn eingegangen sind, aufs Spiel setzen.»

Oftmals stehen die Väter ein wenig in der zweiten Reihe, weil sie nicht stillen können. Ein eineinhalbjähriges Kind schiebt den Vater gern beiseite, wenn dieser die Mutter zu küssen versucht – es möchte die Mutter für sich allein haben. Doch das ändert sich. Einige Jahre später, wenn der Sohn um die acht Jahre alt ist und das Maskuline in sich entdeckt, wird Papa der Größte für ihn sein.

Diese Umschwünge sind gut, denn das Kind benötigt zu verschiedenen Zeiten verschiedene Dinge. Das heißt allerdings nicht, dass Sie sich einfach zurücklehnen können: Ein Kind braucht in einer Familie mit zwei Elternteilen immer beide Eltern. Wobei die

IHR KIND BRAUCHT SIE UND ES BRAUCHT DIE GEWISSHEIT, DASS ALLE SEINE GEFÜHLE VERSTANDEN WERDEN UND SIE DAMIT UMGEHEN KÖNNEN.

Gleichstellung der Eltern nicht bedeutet, dass beide ein identisches Verhältnis zum Kind haben müssen. Es geht vielmehr darum, dass beide eine Bindung zu dem Kind entwickeln und ihm jeder auf seine Weise Geborgenheit vermittelt. Einige Väter brauchen etwas mehr Zeit, um sich in das Kind zu verlieben – und dem Kind die Möglichkeit zu geben, sich in sie zu verlieben.

«Vielleicht sollten Sie abends einfach ein bisschen mehr Zeit investieren, um eine enge Beziehung zu Ihrem Sohn zu knüpfen», schlug ich einem Vater vor. «Er hat sich nicht gegen Sie entschieden, aber er hat sich für eine sehr gute Mutter entschieden, diese wunderbare Frau, mit der Sie ein Kind haben.»

Ein Lächeln erschien auf seinem Gesicht, offenbar gefiel ihm diese Vorstellung.

Zurückweisung ist schmerzhaft. Man zieht sich leicht zurück, wenn man spürt, dass das Kind nichts mit einem zu tun haben möchte. Aber haben Sie etwas Geduld, dann wird sich das geben. Zwei Eltern zu haben ist für das Kind ein wunderbarer Luxus, finden Sie also Ihren persönlichen Zugang zu Ihrem Kind.

Die Liebe zulassen

Eines möchte ich in diesem Buch vor allem unterstreichen: In den ersten zwei Lebensjahren Ihres Kindes sollten Sie Platz für die Liebe schaffen, denn darauf baut alles andere auf.

Geben Sie der Liebe zwischen Ihnen und Ihrem Kind so viel

> Alle Kinder sind verschieden – sie werden geboren und sind einfach sie selbst. Welchen Typ Kind Sie haben, wird mit darüber entscheiden, wie einfach oder schwierig es sein wird, eine Bindung zu ihm aufzubauen. Aber vergessen Sie nicht, dass die Verantwortung immer bei Ihnen liegt. Sie sind der Erwachsene, Sie müssen dafür sorgen, das Band so zu festigen, dass es alles aushält.

Raum, dass Ihre Bindung allem standhält, was in den folgenden Jahren auf Sie zukommt.

Verbringen Sie Zeit mit diesem neuen Erdenbürger, beobachten Sie Ihr Kind, seien Sie bei ihm, sprechen Sie mit ihm, spielen Sie mit ihm, streicheln Sie es, halten Sie es im Arm, flüstern Sie ihm zu. Lassen Sie die Liebe zu.

Sicher, das sind große Worte, aber in gewisser Weise lässt es sich wohl nicht besser beschreiben, mir fallen zumindest keine treffenderen Worte ein.

Es wird Tage geben, an denen Ihnen alles hoffnungslos erscheint, Tage voller Tränen und Krankheit. Es werden schmerzliche Niederlagen kommen, gebrochene Herzen und Worte, von denen Sie sich wünschen, Sie hätten sie nie gesagt. Türenknallen, durchwachte Nächte, Schürfwunden und Chancen, um Verzeihung zu bitten. Es wird Versöhnungen geben. Es wird der Tag kommen, an dem das Kind läuft, an dem es Fahrrad fährt, an dem es einen Jungen oder ein Mädchen aus der Nachbarschaft küsst, der Tag, an dem es seine Sachen im Kinderzimmer packt und auszieht. Vielleicht kommt auch der Tag, an dem Ihr Kind sein eigenes Neugeborenes in den Armen hält.

Aber bewahren Sie sich die Liebe und rufen Sie sie sich an allen grauen Tagen des Lebens in Erinnerung.

Diese ersten Jahre im Leben sind die Zeit der Verliebtheit. Alles andere kommt noch früh genug.

Sei bei mir, berühr mich, halt mich, wiege mich, streichele mich.
Ein neugeborener Mensch ist völlig auf Berührungen ausgerichtet. Alle anderen Sinne treten dahinter zurück.
Während der ersten Jahre ist das Kuscheln lebenswichtig für das Kind. Seien Sie einander ganz nah, Haut an Haut, Mensch an Mensch. Das schenkt Ihrem Kind Sicherheit und fördert seine Gesundheit.
Und es ist der kürzeste Weg hin zu Ihrem Kind, zu der Geborgenheit, die es braucht.

DIE HÄUFIGSTEN FEHLER DER ELTERN

0–3 MONATE

Der Kontakt fehlt. Einige Eltern sind von all dem Neuen vollkommen überwältigt. Während der ersten Wochen lässt sich nur wenig Kontakt zu den Kindern aufnehmen. Sie schenken Ihnen noch nicht das kleine Lächeln, das sich später einstellt, sie können ihren Blick noch nicht fokussieren, sind gewissermaßen nicht richtig anwesend. Das macht sie verwundbar. Eltern können verzweifeln, wenn ihr Kind unaufhörlich weint. Viele sitzen stundenlang allein mit einem Kind zu Hause, das sie nicht kennen und mit dem sie nicht kommunizieren können. In diesem Alter gefährdet Schütteln und hartes Anpacken die Kinder ganz besonders, und sie vertragen fast nichts. Legen Sie das Kind lieber ab, wenn Sie merken, dass Ihre Verzweiflung zu groß wird. Alles ist besser, als ein kleines Kind zu hart anzufassen oder es zu schütteln. Suchen Sie stattdessen das Gespräch mit jemandem, der Ihnen versichert, dass diese Zeit bald vorbeigeht und es besser wird.

7–12 WOCHEN

Sie nehmen das Kind nicht wahr! Bei einigen Kindern ist es, als würde man auf einen Knopf drücken: Plötzlich sind sie anwesend, und Sie merken, dass die Kinder ihre Umgebung wahrnehmen und auf Sie reagieren. Die Kinder versuchen Kontakt aufzunehmen, aber viele Eltern sind zu sehr mit sich selbst oder dem Smartphone beschäftigt, um darauf zu reagieren. Andere Kinder benötigen Starthilfe. Lassen Sie Ihr Kind nicht still irgendwo allein liegen. Seien Sie bei Ihrem Kind, beobachten Sie, wie es ihm geht, und beschäftigen Sie sich mit ihm.

Kinder brauchen Resonanz, um sich zu entwickeln. Ich erinnere mich noch heute, wo ich war, als mein Sohn zum ersten Mal lächelte. Das ist eine große Entdeckung für einen Menschen, und das Kind braucht Ihre freudige Reaktion. Schon als kleine Kinder sind wir auf Dialog «programmiert» – das Kind brabbelt etwas, und Sie antworten. Es ist wichtig, dass Sie dem Kind die Möglichkeit geben, zu reagieren. So beginnt der erste Dialog, so entsteht eine Bindung zwischen Ihnen und Ihrem Kind.

4–6 MONATE

Sie lassen das Kind passiv werden. Jetzt beginnt das Kind allmählich, Kontrolle zu erlangen, und jetzt ist es wichtig, dass Sie ihm die Möglichkeit geben, sich zu entwickeln. In diesem Alter fangen Kinder an, sich zu langweilen, und das ist gut so – sie drücken damit aus, dass sie mehr wollen. Der größte Fehler, den Eltern machen, ist es, Ihr Baby zu oft in seine Babywippe oder vor den Fernseher zu setzen, um es zu unterhalten, und sich selbst mit etwas anderem zu beschäftigen. Kinder müssen aktiv sein, um sich gut zu entwickeln. Sie müssen sich strecken können, sich drehen, sich hochdrücken oder herumrobben. Ein Baby, das sich «beklagt», ist nicht schwierig oder anspruchsvoll, sondern es teilt mit, was es gerade braucht.

6 MONATE

Sie sind überbehütend. Das Kind macht eine enorme Entwicklung durch und stellt größere Ansprüche an Sie. Es ist häufiger wach, beginnt zu krabbeln und versucht sich überall hochzuziehen. Stühle, Treppen, Tische, Sofas – alles dient dazu, sich aufzurichten. Das bedeutet nicht, dass Ihr Kind besonders risikofreudig ist und Sie überall Gefahren wittern müssen, sondern lediglich, dass es laufen lernt. Lassen Sie zu, dass Ihr Kind hinfällt! Die Kinder wirken unsicher auf den Beinen, doch nur so lernen sie den aufrechten Gang – das macht also nichts. Bedenklich wäre es in dieser Phase, würden Sie das Kind vor dem Hinfallen bewahren. Dadurch hemmen Sie seine Entwicklung.

12 MONATE

Sie lassen das Kind nicht los. Es gehört zur kindlichen Entwicklung dazu, das Kind mit neuen Menschen zusammenzubringen – wann und in welchem Umfang das stattfindet, variiert von Familie zu Familie und Gesellschaft zu Gesellschaft. So ist das Leben, und das Kind muss langsam, aber sicher ein Teil des wirklichen Lebens außerhalb des geborgenen Zuhauses werden dürfen. Lassen Sie es sich an andere Erwachsene gewöhnen, ob es nun der Babysitter, die Tagesmutter oder die Angestellten im Kindergarten sind. Bringen Sie das Kind allmählich mit anderen Menschen in Kontakt und zeigen Sie sehr deutlich, dass Sie es einem Menschen übergeben, dem Sie vertrauen, und dass alles in Ordnung ist. Interpretieren Sie nicht zu viel in Ihr Kind hinein – es ist kein Mama- oder Papakind, weil es am liebsten bei Ihnen sein möchte. Es hat nur gelernt, dass Sie der sicherste Ort in seinem Dasein sind. Und es ist auf Ihre Hilfe angewiesen, um zu erfahren, dass die Welt voller Menschen ist, zu denen man in Beziehung treten kann, und dass es einem dabei gutgeht.

Das ist schwierig, und viele werden es als schmerzlich und beängstigend erleben, aber es ist unabdingbar, dass Sie Ihr Kind in Geborgenheit gehen lassen.

18 MONATE

Sie vermitteln dem Kind keine Sprache. Kinder in diesem Alter sagen nicht viel, saugen aber alles in sich auf, so als ob die Sprache sich in ihrem Gehirn sammelte und dort heranreifte. Auch wenn Ihr Kind kaum antwortet: Sprechen Sie mit ihm! Das Kind kann mehr, als Sie glauben. Suchen Sie sich ein gemeinsames Thema, wenn Sie unterwegs sind: Sprechen Sie über Baumaschinen, Bäume, den Mond und Taxis. Über Läden und Wasser und Hochhäuser und Möwen. Sprechen Sie über alles, was es zu sehen gibt! Lassen Sie Ihr Kind auf Dinge zeigen und folgen Sie ihm in die Welt der Sprache, die sich ihm gerade eröffnet. Zuerst langsam und dann – wie Sie merken werden – in faszinierendem Tempo.

Nehmen Sie an den Erlebnissen Ihres Kindes teil. Sie sind der- oder diejenige, der die Sprache weitergibt, Sie zeigen Ihrem Kind, wie viel Spaß das macht. Parken Sie also nicht einfach den Kinderwagen vor einem Bagger, sondern beugen Sie sich zu Ihrem Kind hinunter und schauen Sie sich diese tolle Maschine gemeinsam an. Erwachsene wenden sich schnell einmal ab, wenn etwas für sie nicht interessant ist, aber Ihr Kind braucht es, sich gemeinsam mit Ihnen Dinge anzusehen und darüber zu sprechen. Auf diese Weise eignet es sich neues Wissen an.

24 MONATE

Sie erwarten zu viel. Zweijährige sind wunderbare Geschöpfe. Sie tapsen herum, finden vieles spannend, sind oft guter Laune und bilden immer längere Sätze. Sie machen so viele Fortschritte, dass man sie leicht für vernünftiger hält, als sie sind. Sie wirken, als ob sie verstehen müssten, was Teilen bedeutet, oder spüren könnten, wenn Sie mit Ihrer Geduld am Ende sind, aber sie leben noch sehr in ihrer eigenen Welt und sollten das auch dürfen.

Seien Sie geduldig und neugierig, freuen Sie sich über alles, was das Kind schon kann, und über die rasante Entwicklung, an der Sie Anteil nehmen dürfen, aber vergessen Sie nicht, dass ein Zweijähriges vor allem immer noch ein sehr kleines Kind ist. Sie brauchen jetzt noch nicht so viele Gedanken an Erziehung zu verschwenden. Lieben Sie Ihr Kind und versuchen Sie, aufkommende Probleme auf die für alle Beteiligten bestmögliche Weise zu lösen.

POSITIVE FEHLEINSCHÄTZUNGEN

Gehören Sie zu den Eltern, die ihr Kind einfach phantastisch finden und glauben, dass es sich von allen anderen Kindern unterscheidet? Meinen Sie, dass gerade Ihr Kind ein wenig begabter wirkt als andere, dass es besonders weit entwickelt ist oder einfach nur hübscher als die meisten anderen Kinder?

Nun, dann sind Sie so wie alle Eltern. Und auch, wenn Sie sich wahrscheinlich täuschen, ist es völlig richtig, an Ihrer Überzeugung festzuhalten.

In meinem Fachgebiet, der Psychologie, wird das positive Fehleinschätzung genannt: Eltern, die von ihrem eigenen Kind so begeistert sind, dass die Menschen um sie herum die Augen verdrehen. Diese vorbehaltlose Begeisterung ist eigentlich ein Geschenk der Natur, da sie es uns ermöglicht, uns unserem Kind zuzuwenden. Die positiven Fehleinschätzungen bewirken, dass wir unserem Kind all die Aufmerksamkeit schenken, auf die es angewiesen ist und die uns an das Kind bindet. Ich stelle mir das wie eine Pflanzenlampe in einer Gärtnerei vor. Die starken Lampen mit Speziallicht, die über den kleinen, zarten Keimlingen hängen, sind ein

gutes Bild dafür, wie wir uns gegenüber unseren Kindern verhalten. Wir sind das Licht, das dafür sorgt, dass sich die Kinder im Glanze unserer vorbehaltlosen Begeisterung schneller und höher strecken. So wachsen sie. So spüren sie, dass auch Dinge möglich sind, die sie noch nicht können.

Wenn die Pflanzen schließlich stark genug sind und keine besondere Pflege mehr brauchen, werden sie ans Tageslicht umgepflanzt, in die echte Welt, wo sie gut allein gedeihen.

TIEFE GEFÜHLE

Man überschätzt Kinder leicht. Wenn sie ein Jahr alt sind, wenn sie laufen lernen und allmählich zu sprechen beginnen, können sie wie vollkommene kleine Menschen wirken. Doch das täuscht.

Ich nehme jede Gelegenheit wahr, Eltern zu sagen, wie wenig sie von den Allerkleinsten erwarten dürfen. Sie können einen Zweijährigen nicht auffordern, sich zusammenzureißen, ganz einfach weil er oder sie dazu nicht in der Lage ist. Auch sollten Sie nicht davon ausgehen, dass Kinder in diesem Alter friedlich mit anderen teilen, ordentlich am Tisch sitzen oder verstehen, dass es gefährlich ist, auf die Straße zu laufen. Ihr Gehirn ist noch nicht so weit.

Gerade jetzt erlebt Ihr Kind tiefe und reine Emotionen: Angst, Freude, Wut, Liebe. Dadurch ist es eigentlich verhältnismäßig einfach, mit ihm umzugehen – sekundäre Emotionen wie Scham, Schuld oder Stolz entstehen erst in einigen Jahren.

Während der ersten 24 Monate können Kinder ihr Tun nicht

überblicken. Sie können weder Konsequenzen ermessen noch in die Zukunft planen. Ihr Kind wird daher mit Sicherheit manchmal verzweifeln und größere Schwierigkeiten haben, als Sie gedacht hätten.

Ihre Aufgabe ist es daher, geduldig zu sein, ihm die Gewissheit zu geben, dass alle Gefühle erlaubt sind, und ihm dann – langsam, aber sicher – eine Sprache für das Erlebte zu vermitteln.

Damit schaffen Sie die beste Voraussetzung für sein zukünftiges Leben.

Ein Baby beruhigen

Hin und wieder sehne ich mich danach, ein Baby zu beruhigen. Es ist eine ganz elementare Erfahrung, mit dem Kind zu kommunizieren, es mit liebevollen Worten, mit sanftem Wiegen und leisem Summen zu erreichen. Sich auf die Gefühle des Babys einzustellen, bedeutet, seinem Instinkt zu folgen, dieses neue, kleine Wesen kennenzulernen und sich voranzutasten, bis Sie zusammenfinden.

SIE KÖNNEN EIN KLEINES KIND NICHT AUFFORDERN, SICH ZU BEHERRSCHEN ODER SICH AM RIEMEN ZU REISSEN, WEIL ES DAZU GANZ EINFACH NOCH NICHT IN DER LAGE IST.

Bald wird sich die Sprache entwickeln und alles verändern, aber noch leben Sie und Ihr Kind in Ihrer eigenen kleinen Welt ohne Wörter.

Das Gehirn ist eine Baustelle

Ich bin davon überzeugt, dass diejenigen Eltern, die ein wenig über das kindliche Gehirn wissen, den Herausforderungen des Alltags viel besser gewachsen sind. Kinder in diesem Alter können noch keine Relation zwischen ihren Gefühlen und Gedanken herstellen, sie stehen noch ganz am Anfang, ihr Gehirn ist eine Baustelle. Was bedeutet das für Sie? Zum Beispiel, dass Sie ein Baby nicht bitten können, die Folgen seines Handelns zu bedenken. Sie können nicht zu Ihrem anderthalbjährigen Kind sagen: «Ich habe dir doch gesagt, dass du nicht an den Herd fassen sollst!» Stattdessen sollten Sie Ihr Zuhause so sicher wie möglich gestalten, damit das Kind nicht in gefährliche Situationen gerät. Erwarten Sie nicht, dass Ihr Kind Ihr Handy nur deswegen nicht fallen lässt, weil Sie ihm das verboten haben. Ihr Kind wird sich nicht daran erinnern, dass Sie sich darüber ärgern. Sie können einem Kind auch nicht sagen, es *müsse* verstehen, dass es keine Angst zu haben braucht, *müsse* begreifen, dass alles vorübergeht, oder es *müsse* sich zusammennehmen.

Wenn Sie als Erwachsener eine starke Emotion erleben, zum Beispiel Wut, versuchen Sie zu verstehen, woher die Wut kommt

> **Warum pusten wir, wenn es wehtut?**
> Damit zeigen Sie Ihrem Kind, dass Sie sich um es sorgen und mit ihm fühlen. Sie teilen das Gefühl mit ihm und zeigen ihm, dass es von Bedeutung ist. Auf diese Weise stellt man einen Kontakt zum Kind her und es lernt, was es heißt, nicht allein zu sein. Jeder Schmerz ist leichter zu ertragen, wenn man ihn gemeinsam mit einem anderen erträgt – selbst ein geklemmter Finger.

und wie Sie diese angemessen ausdrücken können. Die besten von uns kriegen das halbwegs hin. Kleine Kinder haben jedoch keine Möglichkeit, ihre starken Emotionen zu kontrollieren. Erwarten Sie von einem Zweijährigen, dass er seine Wut auf eine akzeptable Weise äußert, verlangen Sie schlicht und einfach zu viel.

Dennoch hegen wir ständig diese Erwartungen. Deshalb glaube ich, wir sollten einander daran erinnern, dass dies eine der größten Fallen ist, in die wir mit einem kleinen Kind tappen können – es zu überschätzen.

Dem Kind zuhören

Neulich besuchte ich einen Freund in einem dieser neuen Wohnblöcke, die überall in der Stadt entstehen. Er hat eine Tochter, die gerade 11 Monate alt war und heulend auf dem Boden lag. «Beachte sie gar nicht, sie versucht mir nur etwas vorzumachen», sagte er und erzählte, dass die Kleine unmöglich Hunger haben könne, sondern sicher nur weine, um Aufmerksamkeit zu bekommen.

Viele Eltern interpretieren Dinge in ihre Kinder hinein. Wir unterstellen einem Kind gern einmal Gefühle, die so komplex sind, dass es sie überhaupt nicht haben kann. «Er spielt sich auf», «Sie stellt sich an», «Er will nur provozieren». Viele schwierige Situationen entstehen dadurch, dass wir Erwachsenen glauben, dass die Kinder etwas aus Trotz oder Rebellion tun, und wir darauf wütend reagieren.

Ich verstehe sehr gut, dass es hin und wieder so scheinen mag, als ob das Kind nur weine, um Sie herauszufordern, doch das ist nie der Fall. Das Kind weint, weil es müde oder hungrig ist, weil es Kontakt sucht oder Bauchschmerzen hat oder Ähnliches.

Indem Sie denken: «Das machst du nur, um mich zu ärgern», verlieren Sie den so wichtigen Kontakt zu Ihrem Kind. Wenn Ihre anderthalbjährige Tochter sich ein Eigelb greift und es wie einen Tennisball über den Tisch wirft, können Sie zwar sagen: «Lass das!», aber die Wahrscheinlichkeit, dass Ihre Tochter es viel zu interessant findet, um damit aufzuhören, liegt bei fast 100 Prozent. Denken Sie jetzt möglichst nicht: «Sie testet aus, wie weit sie gehen kann.» Sie sollten bewusst vermeiden, in Ihrer Tochter eine Gegnerin zu sehen. Wenn Ihnen das gelingt, werden Sie ihr besser helfen können. Dann können Sie sich leichter in Ihr Kind hineinversetzen und nachvollziehen, dass Eigelbe, die aussehen wie Tennisbälle, Spaß machen. Sollte es Ihnen dann zu schmutzig oder zu wild werden, können Sie lenkend eingreifen: «Das war wirklich lustig, aber jetzt suchen wir uns einen anderen Ball und tun den hier weg.»

Viele Eltern sind regelrechte Konspirationstheoretiker, aber ich habe noch nie ein zweijähriges Kind kennen gelernt, das gegen seine Eltern konspiriert. Es geht hier nicht um Sie – es geht um das Kind, das Ihre Zuwendung braucht oder es spannend findet, etwas zu erforschen. Und vielleicht ist es genau das, was es Ihnen mitteilen möchte, während Sie sich ärgern: «Das macht mich neugierig, das will ich gern näher untersuchen, das ist spannend.»

Das Kind kann jetzt noch nicht alles lernen, aber das kommt schon noch. Wenn Sie das Kind begleiten, wenn Sie als Mitspieler agieren, macht das die Entwicklung für Sie beide leichter.

Eine Verknüpfung zwischen Sprache und Gefühl herstellen

Bald entwickelt sich zunehmend die Sprache. Zuerst nur einige wenige Wörter, dann immer mehr, die sich schließlich in Sätzen und kleinen Geschichten sammeln. Die Sprache ist so wichtig, weil sie als Brücke zwischen den eigenen Gefühlen und der Außenwelt dient.

Das Verhältnis von Sprache und Gefühlen spielt für einen kleinen Menschen eine zentrale Rolle. Ihr Kind braucht die Gewissheit, dass Sie all die gewaltigen Emotionen, die in ihm brodeln, sowohl verstehen als auch mit ihnen umgehen können. Es soll wissen, dass es mit allem, was es fühlen mag, zu Ihnen kommen kann. Diese Aufgabe beginnt schon mit der Geburt des Kindes. Gewöhnen Sie sich an, immer auf die Gefühle Ihres Kindes zu reagieren, auch wenn Sie keine wortreichen Antworten erhalten: «Wirst du allmählich müde? Ich verstehe. Dann gehen wir jetzt ins Bett.» Oder: «Möchtest du jetzt etwas spielen? Freust du dich auf den neuen Tag? Ich stehe jetzt auch auf, dann können wir gemeinsam etwas machen.» Stellen Sie eine Verknüpfung zwischen Sprache und Gefühlen her, zeigen Sie dem Kind, dass Sie seine Gefühle nachvollziehen können, und helfen Sie ihm, das, was in ihm und um es herum geschieht, allmählich in Worte zu fassen. Nutzen Sie dafür Mimik, Laute, Körpersprache – zeigen Sie es ihm mit Ihrem ganzen Körper und nicht nur mit Worten. So fällt es dem Kind

DAS IST DOCH KEIN GRUND ZUM WEINEN!

Wie oft denken Sie das, und wie oft haben Sie schon andere Eltern sagen hören: «Jetzt stell dich nicht so an. Das ist doch kein Grund zum Weinen!» Und dann fügen wir gern noch hinzu: «Du bist doch schon ein großer Junge, da benimmt man sich doch nicht wie ein Baby!»

In den ersten Jahren werden Sie erleben, dass Ihr Kind aus allen möglichen Anlässen weint, die wirklich keinen Grund zum Weinen darstellen. Wegen einem heruntergefallenen Eis, einem im Auto vergessenen Spielzeug, einem auf dem Spielplatz verlorenen Stöckchen – unbedeutenden Kleinigkeiten.

Wann sollten Kinder lernen, dass das kein Grund zum Weinen ist und dass das Leben sehr viel größere Probleme bereithält?

Die Antwort lautet, dass das irgendwann in den späten Teenagerjahren passiert. Bis dahin werden auch kleine Ereignisse dem Kind wie große Katastrophen vorkommen. Dafür gibt es einen einfachen Grund: In einem kleinen Leben erscheinen kleine Dinge groß. Ihr Kind ist auf Sie angewiesen, um das Erlebte verstehen und damit umgehen zu können. Das erreichen Sie im Laufe der Zeit auf unterschiedliche Art und Weise parallel zum Ent-

wicklungsstand Ihres Kindes, aber niemals, indem Sie ihm erzählen, es denke verkehrt oder sei kindisch.

Wenn Sie zu Ihrem Kind sagen, es sei falsch zu weinen, das Kind sei kindisch oder dumm, wird es genau diese Botschaft hören: «Mama findet mich dumm.» Das macht Ihr Kind einsam. Würden Sie sich einem Angehörigen anvertrauen, der Sie dazu bringt, sich klein und dumm zu fühlen? Wahrscheinlich nicht.

Das Kind wird einem Elternteil, der ihm das Gefühl gibt, dumm zu sein, weniger vertrauen.

Wenn das Kind weint, obwohl im Prinzip kein Grund zum Weinen besteht, dann, weil etwas für das Kind gerade schwierig ist.

Sie bringen einem Zweijährigen viel mehr über das Leben bei, wenn Sie sagen: «Bist du traurig, dass du den Stock auf dem Spielplatz lassen musstest? Ich verstehe das, aber ihm geht es da gut. Stöcke fühlen sich auf Spielplätzen wohl, und morgen können wir wieder hingehen und ihm Hallo sagen. Was möchtest du ihm dann erzählen?»

So stellen Sie eine Verbindung zwischen Gedanken und Gefühlen her, nehmen Ihr Kind so wahr, wie es in dieser Phase seines Lebens ist, und demonstrieren ihm, dass das Leben weitergeht.

KINDER BRAUCHEN ERWACHSENE, DIE IHNEN TROST UND HOFFNUNG GEBEN KÖNNEN. WENN SIE HINFALLEN UND SICH WEHTUN, GENAUSO WIE VIELE JAHRE SPÄTER, WENN SIE SICH VIELLEICHT IN DIE FALSCHE PERSON VERLIEBEN ODER DEN FALSCHEN MENSCHEN VERTRAUT HABEN.

leichter, zu verstehen, es nimmt leichter Kontakt zu Ihnen auf, und die Bindung zwischen Ihnen festigt sich.

Sprechen Sie mit Ihrem Kind darüber, was es fühlt und wie Sie beide mit diesen Gefühlen umgehen. Zeigen Sie ihm, dass Sie es wahrnehmen, dass Sie mit ihm mitfühlen und Sie immer zur Stelle sind, wenn Ihr Kind Hilfe braucht: «Hast du dich erschrocken? Das ist wirklich nicht angenehm, aber das kommt wieder in Ordnung. Schau, das ist eigentlich nichts, wovor du Angst haben musst.»

Lernt das Kind, dass es bei Ihnen immer Aufnahme findet, zieht es daraus eine wichtige Lehre für das Leben.

Während der gesamten Kindheit ist es von Erwachsenen abhängig, die ihm helfen, die Welt zu verstehen und mit ihr zurechtzukommen. Womit Sie jetzt beginnen, wird Ihrem Kind eines Tages Antworten auf seine Fragen danach geben, wer es ist, wem es vertrauen kann, mit wem es sich anfreunden und in wen es sich verlieben soll.

Es wird ihm helfen, die richtige Antwort zu finden, wenn es sich eines Tages fragt: «Bin ich okay?», oder: «Bin ich liebenswert?»

> **DARF EIN EINJÄHRIGER MIT DEM ESSEN SPIELEN?**
>
> «Spiel nicht mit dem Essen», sagen Eltern, aber für einen Einjährigen ist das eine Botschaft ohne Sinn. Sein Gehirn ist noch nicht so weit entwickelt, dass er dies verstehen könnte. Im Gegenteil: Ein einjähriges Kind sollte mit dem Essen spielen dürfen. Es muss es anfassen, seine Konsistenz und sein Gewicht fühlen dürfen, es muss erleben dürfen, wie es sich anfühlt, etwas auf den Boden zu werfen oder auf den Tisch zu schmieren. Auch das ist Lernen. Kochen Sie also lieber etwas, mit dem man herummatschen kann, dann verläuft die Mahlzeit harmonischer.
> Das Kind lernt, wie es sich bei Tisch benehmen soll, indem es Sie beobachtet. Und das richtige Verhalten kommt dann von selbst.

«Du musst teilen lernen!»

In den ersten 24 Monaten müssen Sie als Eltern vor allem lernen, wie viel Sie von Ihrem Kind erwarten können. An den Spielgeräten im Park in der Nähe meiner Wohnung erlebe ich viele Eltern, denen es unangenehm ist, wenn ihr Kind ein Spielzeug an sich reißt und ruft: «Meins!», oder wenn es einen Spielkameraden wegschubst, der ihm in die Quere kommt. «Du musst teilen lernen», sagen die Eltern und versuchen es dem Kind vorzumachen. Uns Erwachsenen ist es wichtig, dass man uns als höflich wahrnimmt und als jemanden, der auch an andere denkt, aber ein eineinhalbjähriges Kind kann das Prinzip des Teilens nicht verstehen. Es will einfach gerade einen bestimmten Spaten oder ein bestimmtes Kuscheltier haben, also sollten Sie das weinende Kind trösten und einen zweiten Spaten auftreiben. Erwarten Sie nicht, dass Kinder die Angelegenheit unter sich lösen. Sie brauchen noch lange einen Erwachsenen, der die Situation für sie entwirrt.

Angst

Andererseits ist es durchaus möglich, dem Kind Angst einzuflößen, damit es tut, was Sie möchten. Angst funktioniert auf kurze Sicht gut, doch auf lange Sicht hat sie verheerende Folgen. Ein Kind, das derart schlecht behandelt wird, hält sich irgendwann selbst für schlecht. Das zerstört sein Selbstwertgefühl.

Es gibt viele Methoden, Kinder dazu zu bewegen, etwas zu tun, aber die großen Themen können wir ihnen erst in einem Alter von drei bis vier Jahren näherbringen.

Entspannen Sie sich und erwarten Sie nicht zu viel von den Kleinsten. Wenn Ihr 20 Monate alter Sohn den Bleistift nicht richtig halten kann, dann, weil das physisch nicht möglich ist. Trotzdem kann aus ihm noch ein berühmter Künstler werden.

Ich erinnere mich noch gut an einen Vater, der darüber verzweifelte, dass seine Tochter so fest mit dem Pinsel aufdrückte. Er war der Meinung, dass sie Sachen nicht pfleglich behandelte. «Vielleicht gehört sie zu denen, die auf nichts und niemanden Rücksicht nehmen», überlegte er. Ich lächelte und erklärte ihm, dass Zweijährige so etwas nicht tun, sie behandeln Sachen nun einmal nicht pfleglich. So ist das einfach. Einige sind vorsichtiger als andere, aber alle sind sie Forscher. Sie tun genau das, was sie tun sollen: Sie entdecken die phantastische Welt, in die sie hineingeboren wurden.

Alles akzeptieren – und damit umgehen

Bei der Kindererziehung geht es darum, zunächst zu verstehen und dann zu lenken. Wenn das Kind wütend ist und sich querstellt, müssen Sie das erst einmal bewusst wahrnehmen, bevor Sie die Situation lösen können. Akzeptieren Sie alle Emotionen, die auftreten, heißt das, dass Sie den ersten Teil Ihres Jobs als Erwachsener erledigen. Dann *verstehen* Sie. «Ich sehe, dass du diese Schuhe hübscher findest. Ich verstehe das.» Der zweite Teil Ihrer Aufgabe als Eltern ist es, das Kind aus der Situation herauszuführen: Es dazu zu bringen, sich zu beruhigen, etwas anderes zu tun oder einfach wieder zu lächeln. «Aber heute ist es zu nass für diese Schuhe. Wir könnten doch stattdessen die Stiefel in einer Matschpfütze ausprobieren?»

Sie sollten alles akzeptieren, aber auch damit umgehen.

In den kommenden Jahren werden Sie viel Zeit investieren müssen, um auf die Gefühle Ihres Kindes einzugehen. Wenn das Kind im Alter von etwa zwei Jahren sprechen kann, wird es leichter, aber Sie werden oft erspüren müssen, was los ist, und dem Kind durch all seine Erlebnisse hindurchhelfen. Immer geht es dabei um diese beiden Schritte:

1. Das Gefühl wahrnehmen und Verständnis zeigen

Sie werden schnell merken, wie wichtig es für das Kind ist, verstanden zu werden und seine Gefühle erklärt zu bekommen, und wie das Ihre Bindung festigt. Zuerst ohne Worte, dann mit. Allen

WENN IHR KIND INTENSIVE EMOTIONEN ERLEBT, SEIEN SIE BEI IHM.

> Dem Kind einen Rückzugsort anzubieten, an den es kommen kann, wenn das Leben schwierig ist, gehört zu den wichtigsten Dingen, die Sie als Erwachsener für es tun können. Kinder, die wissen, wo sie Trost finden, sind mutiger.

Menschen tut es gut, sich wahrgenommen zu fühlen. Ist das Kind eineinhalb Jahre alt, kann das so aussehen: «Hast du dir den Kopf gestoßen? Aua, das tut weh.» Wenn Sie sehen, was Ihr Kind fühlt, und ihm helfen, Worte dafür zu finden, bereiten Sie es für die Begegnung mit der Welt vor, für neue und tiefere Gefühle. Kinder profitieren immer davon, wenn Erwachsene Gefühlen mit Offenheit, Ruhe und Verständnis begegnen.

2. Dem Kind weiterhelfen

Wenn Sie sich damit begnügen, «nur» Verständnis für das Gefühl zu äußern, können Sie das Kind damit hemmen. Es ist auch darauf angewiesen, dass Sie ihm weiterhelfen. «Das hat wehgetan, aber jetzt geht es vielleicht schon ein bisschen besser? Wollen wir jetzt lieber mit der Eisenbahn spielen?»

Kinder müssen genau wie wir Erwachsenen daran erinnert werden, dass das Leben weitergeht.

In diesem Zusammenhang spielt die Sprachentwicklung eine große Rolle: Wenn das Kind ein wenig älter ist, können Sie mit ihm darüber sprechen, warum die Dinge so geworden sind, wie sie sind. Sie können darüber sprechen, dass es sich lohnt, sich zu vertragen, dass es klug sein kann zu teilen, dass jeder Fehler macht und was Verzeihen bedeutet. Aber noch ist das Zukunftsmusik. Auf Kinder unter zwei muss man sich einstellen, sie trösten und ihnen Möglichkeiten aufzeigen, wie sie die Situation überwinden können.

> **Sie werden viel Zeit darauf verwenden, dem Kind beizubringen, mit Wut, Angst und allen anderen Gefühlen umzugehen. Kinder, die lernen, ihr Erleben sprachlich auszudrücken und ihre Gefühle zu verstehen, kommen in der Welt der Erwachsenen besser zurecht. Und sie kommen mit sich selbst besser klar.**

WIE SIE TRÖSTEN – IN JEDEM ALTER

Alle Kinder brauchen Erwachsene, die sie trösten und halten, die ihre kleinen und großen Probleme ertragen. Von klein auf müssen sie die Erfahrung von Geborgenheit und von Vertrauen machen, die sie lehrt: «Hier bin ich sicher, hier geht es mir gut.» Für Sie als Mutter oder Vater ist es das vorrangige Ziel, Ihr Kind spüren zu lassen, dass es immer zu Ihnen kommen kann. Das gehört zu den ausschlaggebenden Dingen in der Kindheit, ist der Kern jener Bindung, auf die ich immer wieder zu sprechen komme. Wenn Ihr Kind jederzeit weiß, wohin es sich wenden kann, um Trost und Unterstützung zu erhalten, haben Sie ein großartiges Fundament gelegt. Also trösten Sie Ihre Kinder, halten Sie sie, tragen Sie sie, vermitteln Sie ihnen von Anfang an Ruhe und Geborgenheit. Die Art, wie Sie das machen, wird sich im Lauf der Jahre ändern, aber Sie sollten immer für sie da sein.

VON DER GEBURT BIS ZUM ALTER VON 6 WOCHEN

Man könnte sagen, dass alle Kinder etwas zu früh geboren werden. Sie sind bei der Geburt nicht fertig entwickelt, und in den ersten sechs bis acht Wochen brauchen sie nichts als Ruhe und Nähe. Ihr Trost ist, dass Sie da sind. Das Kind kann nichts dazu beitragen, Ihnen diese Aufgabe zu erleichtern. Es wird Ihnen in vielerlei Hinsicht so vorkommen, als ob er oder sie keinen richtigen Kontakt zu Ihnen pflegt. In dieser Phase sollten Sie sich einfach daran gewöhnen, dass das Baby bei Ihnen ist, und einen Tag- und-Nacht-Rhythmus finden. Stellen Sie selbst fest, was Ihr Kind beruhigt.

8 WOCHEN BIS CIRCA 4 MONATE

Nach acht Wochen richtet ein Kind seine Aufmerksamkeit für gewöhnlich nach außen. Es entsteht Blickkontakt, und eventuell haben Sie schon das erste kleine Lächeln gesehen. Die ersten Male fragen Sie sich beim Lächeln Ihres Kindes vielleicht, was es da nur für seltsame Grimassen schneidet, doch das ist ein wichtiger kleiner Schritt dahin, das Kind zu verstehen. Jetzt können Sie leichter herausfinden, was ihm gefällt, welche Geräusche und Bewegungen es am liebsten mag und wie Sie es am besten trösten können. Einige Kinder fangen in dieser Phase an, den Schnuller zu gebrauchen – wenn das der Fall ist, können Sie jetzt besser erkennen, wann das Kind ihn will.

4–8 MONATE

Im Alter von ungefähr vier Monaten beginnt sich das Kind nach Dingen zu strecken, die es haben möchte, es fasst sie an und erforscht die Welt. Wenn es sich dafür interessiert, was um es herum geschieht, ist es für Sie einfacher, sich auf Ihr Kind einzustellen und in jeder Situation bei ihm zu sein. Jetzt begeistert es sich für Dinge wie Kuscheltiere oder Schmusedecken. Das Baby kann Dinge ergreifen, sie festhalten und wieder loslassen. Bis jetzt haben Sie das meiste bestimmt, aber jetzt hat es so viel Kontrolle errungen, dass es selbst entscheiden kann, von welchem Kuscheltier es am liebsten getröstet werden möchte. Sie kommunizieren bereits miteinander, und das Kind hilft Ihnen dabei.

8–15 MONATE

Jetzt erleben Sie, dass Ihr Kind nach Ihnen Ausschau hält, wenn es Trost braucht, dass es nach Ihnen sucht, wenn es unsicher ist oder sich wehgetan hat. Das ist ein gutes Zeichen, und dieses Verhalten sollten Sie unterstützen. Bieten Sie ihm immer einen sicheren Schoß, offene Arme, liebe, sanfte Worte und Hände, die ihm durch das Haar streichen. Pusten Sie, wenn etwas wehtut, und erleben Sie den Schmerz *gemeinsam*.

15–24 MONATE

Jetzt kann die Sprache wirklich Trost spenden. Sprechen Sie mit dem Kind, wenn Sie es trösten, zeigen Sie ihm, wie es ausdrücken kann, dass es traurig ist, dass es ihm gutgeht, dass Sie da sind – all die heilenden Worte, die wir in unserem Leben brauchen. Achten Sie weiterhin auf viel Körperkontakt und setzen Sie sich immer zu Ihrem Kind, wenn es Trost braucht. Trost spendet man auf Augenhöhe, nicht von oben herab. Können Sie gerade nicht trösten, weil Sie beschäftigt sind, sagen Sie, dass Sie gleich kommen, dass Sie Ihr Kind bemerkt und es nicht vergessen haben. Vermitteln Sie dem Kind die Gewissheit, dass es gleich an der Reihe ist.

Einige Kinder in diesem Alter wollen sich ein wenig zurückziehen, sich in einer Ecke oder unter dem Tisch verstecken, wenn sie traurig sind. Vergessen Sie nicht, dass Kinder auch dann Trost brauchen, wenn sie sich verstecken. Zeigen Sie Ihrem Kind, dass Sie es wahrgenommen haben und dass Sie da sind. Es ist völlig in Ordnung, wenn ein Kind ein bisschen Ruhe braucht, bevor es zu Ihnen kommt, aber schenken Sie ihm Körperkontakt und liebe Worte, wenn es so weit ist.

Und auch ein kleines «Ist alles wieder gut? Schön!», wenn Sie sehen, dass es Zeit ist, weiterzumachen.

WANN KANN MEIN KIND WAS?

Wann genau Ihr Kind bestimmte Dinge kann, hängt davon ab, wer es ist und welche Möglichkeiten Sie ihm bieten. Einige Kinder sind mit allem etwas später dran, ohne dass das etwas darüber aussagen würde, wie sie zukünftig in ihrem Leben zurechtkommen werden.

Die Entwicklung eines Babys verläuft von oben nach unten, von innen nach außen. Zuerst bildet es Muskeln aus, um selbst den Kopf halten zu können, dann erlangt es Kontrolle über Brust und Arme und zuletzt über Hände und Finger. Dasselbe gilt für den Unterkörper. Von innen nach außen – zuerst kommt die Kontrolle über den Po und die Oberschenkel, dann über Beine und Füße.

Normalerweise kann ein sechs Wochen altes Kind selbst seinen Kopf halten, während einige drei Monate alte Kinder sich in eine Richtung drehen können und ein Kind mit sieben Monaten selbst sitzen und krabbeln kann. Mit elf Monaten kann das Kind ohne Hilfe stehen, und kurz danach macht es seine ersten Schritte. Doch innerhalb dieser einzelnen Meilensteine (denn es ist ja immer ein großer Schritt, wenn das Kind Kontrolle über ein neues Körperteil erringt) gibt es große Variationen. Obwohl Kinder im Durchschnitt mit sieben Monaten zu krabbeln anfangen, beginnen

90 Prozent aller Kinder sich auf diese Art fortzubewegen, wenn sie zwischen fünf und elf Monate alt sind. Ob sie früh oder spät damit anfangen, sagt jedoch nichts darüber aus, wie sie in der Schule oder in der Fußballmannschaft zurechtkommen werden, welche Freunde sie haben oder welchen Humor sie entwickeln werden. Kurz: Es hat keinerlei Bedeutung. Das Kind macht diese Schritte so oder so in seinem eigenen Tempo – wenn es bereit dafür ist und die Bedingungen stimmen.

Das Baby entwickelt auch seine Feinmotorik. Als Neugeborenes unternimmt es vielleicht ein paar unbeholfene Versuche, den Arm nach etwas auszustrecken – erste Bemühungen, die nicht glücken. Aber ab einem Alter von drei Monaten will es das, was so verlockend aussieht, auch wirklich erreichen. Es versucht es zu ergreifen, indem es die Finger gegen die Handfläche drückt, was jedoch nicht gut funktioniert. Doch allmählich setzt das Kind immer weniger Kraft ein und entwickelt einen präziseren Griff, und im Alter von einem Jahr erlernt es den Pinzettengriff. Dann beginnt es sich für all die kleinen Dinge zu interessieren, die es nun endlich festhalten und eingehend untersuchen – und in den Mund nehmen – kann. Daher ist es in diesem Alter besonders wichtig, keine Erdnüsse, kleinen Legosteine oder Ähnliches herumliegen zu lassen, die das Kind unter Umständen verschlucken könnte.

Im Alter von knapp zwei Jahren ist sein Griff so gut entwickelt, dass es sich mit seinen Händen – beim Stapeln von Bauklötzen oder mit einem dicken Bleistift – neue Spielmöglichkeiten eröffnen kann.

Sie als Mutter oder Vater sind dafür zuständig, die Welt gemeinsam mit Ihrem Kind und im Einklang mit der Entwicklung seiner Motorik zu erforschen. Freuen Sie sich mit ihm über jeden neuen Meilenstein und sorgen Sie dafür, dass es die Sicherheit hat, sich zu entwickeln. Geben Sie ihm Bewegungsanreize sowie neue Sachen, die es ausprobieren kann. Die Entwicklung findet in diesem Zeitabschnitt im Zusammenspiel zwischen dem Reifegrad Ihres Kindes und den äußeren Bedingungen statt. Für Ersteres brauchen Sie Geduld, doch für das Zweite können Sie die Weichen stellen.

STIMMT DA ETWAS NICHT?

Wenn Sie merken, dass Ihr Kind sich spät entwickelt, erhalten Sie meist beruhigende Reaktionen, da die Variationsbreite so groß ist. Während der ersten zwei Jahre lautet der wichtigste und beste Rat: «Entspannen Sie sich, warten Sie ab.» Spüren Sie aber, dass etwas nicht stimmt und dass Ihr Kind nicht einfach nur etwas spät entwickelt ist, konsultieren Sie einen Arzt und bitten Sie gegebenenfalls um eine Untersuchung.

Sie benötigen in dieser Situation auf jeden Fall mehr als nur einen Standardrat – und es ist wichtig, dass Sie dies auch bekommen.

Eltern sollten nicht mit ihren Gedanken und Sorgen allein gelassen werden.

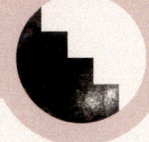

DIE WEITE REISE

Neugeborenenstellung
(0 Monate)

Hebt den Kopf
(1–3 Monate)

Rollt sich auf die Seite
(2–5 Monate)

Sitzt ohne Hilfe
(5–9 Monate)

Steht mit Hilfe
(5–10 Monate)

Krabbelt
(7–12 Monate)

Läuft mit Hilfe
(7–13 Monate)

Steht sicher ohne Stütze
(10–14 Monate)

Läuft allein
(11–15 Monate)

So verläuft die kindliche Entwicklung in den meisten Fällen. Es gibt Kinder, die Dinge früher können, und es gibt Kinder, die sich ein wenig langsamer entwickeln, ohne dass das etwas zu bedeuten hätte. Später erreichen sie trotzdem alle ungefähr das gleiche Entwicklungsstadium.

SEINE VERHALTENSMUSTER ÜBERDENKEN

Wenn Sie ein Kind bekommen, werden Sie mit Ihren eigenen Verhaltensmustern konfrontiert. Sie betrachten sich im Spiegel und fragen sich: «Wer will ich eigentlich sein?» Werden Sie Mutter oder Vater, so bedeutet das nicht nur eine Begegnung mit Ihrem Kind, sondern auch mit Ihrer eigenen Kindheit, mit Ihrer eigenen Biographie. Ihre Kindheit ist wie ein unsichtbarer Mantel, den Sie Ihr Leben lang tragen. Einige tragen schwer daran, andere leichter, aber wir alle gehen mit Enttäuschungen und Niederlagen, mit allen Erfahrungen durch das Leben, die uns geprägt haben. Kaum einer hatte beim Aufwachsen perfekte Bedingungen, und alles, was uns widerfahren ist, hat seinen Abdruck hinterlassen – dabei haben sich instinktive Verhaltensmuster ausgebildet, in denen wir leicht verharren.

Irgendwann erscheinen uns diese erlernten Muster ganz natürlich, und wir reagieren darauf häufig mit einem «So bin ich nun mal!», was aber nicht unbedingt bedeutet, dass diese Reaktionsmuster von Vorteil sind.

Unsere Reaktionsmuster steuern unser Verhalten, lassen sich aber ändern. Sie sollten versuchen, nachzuvollziehen, wie Sie zu dem Menschen geworden sind, der Sie heute sind – und sich gegebenenfalls fragen, wie Sie sich ändern können. Sie sollten den Mut aufbringen, sich selbst zu begegnen. Nur dadurch können Sie Ihrer Elternrolle so gerecht werden, wie Sie es gerne wollen.

Und glauben Sie mir: wenn es Ihnen gelingt, sich aus der Distanz zu betrachten, kann das Großartiges sowohl in Ihrem eigenen Leben als auch in dem Ihres Kindes bewirken.

Wie reagieren Sie?

Natalie kam aus einem Elternhaus, in dem es nie wirklich ein ausgeglichenes Familienleben gegeben hatte. Ihre Mutter war Alkoholikerin und Natalie hatte früh gelernt, mit bedrohlichen Situationen zurechtzukommen. Als sie zu mir kam, war sie 13 Jahre alt, und ich erinnere mich noch an ihren dicken rosafarbenen Wollpullover, ihre dunklen Locken, den entschlossenen, aber dennoch freundlichen Gesichtsausdruck. Wenn sie spürte, dass etwas in der Luft lag, dass der Abend schwierig zu werden versprach, zog sie sich zurück. Dieser Instinkt rettete sie, er half ihr, sich zu entziehen, bevor eine Situation außer Kontrolle geriet. Derartige instinktive Verhaltensmuster, die wir als Kinder lernen, werden zu Abkürzungen im Gehirn. Wollen wir einer unangenehmen Situation entkommen oder werden von Gefühlen überwältigt, greifen wir ohne nachzudenken zu diesen Mustern. Sie haben uns schon so oft gerettet, dass sie uns ganz selbstverständlich erscheinen. Einige Menschen reagieren dann mit Wut oder Angst, andere ziehen sich wie Natalie zurück.

Diese Überlebensstrategien, die in Ihrer Kindheit von Vorteil waren, können für Sie als Elternteil gegebenenfalls kontraproduktiv sein. Natalie kam als Erwachsene im Leben zunächst gut zurecht, sie hatte katastrophale Voraussetzungen überwunden, den Mann ihres Lebens gefunden und eine Arbeit in einer der besten Anwaltskanzleien der Stadt. Aber dann war sie Mutter geworden, und als mit ihrem Kind größere Anforderungen auf sie zukamen, wollte sie einfach nur noch die Flucht ergreifen. Ihre einst hilfreichen Verhaltensmuster waren plötzlich völlig untauglich: Das Kind brauchte sie – sie konnte sich nicht länger zurückziehen, sondern musste ausharren und auf das Baby eingehen.

Viele Menschen, besonders solche mit einer nicht ganz einfachen Kindheit, kennen solche Muster – schnelle Reaktionen, die ihnen geholfen haben, als sie klein waren, diese Funktion aber jetzt, wo sie selbst Eltern sind, nicht mehr erfüllen.

Unsere Reaktionsmuster sind häufig mächtig und besitzen großen Einfluss auf unser Verhalten, sie lassen sich aber verändern. Folgendes kann Ihnen dabei helfen:

1. Wahrnehmen, was geschieht. Zunächst sollten Sie in einer solchen Situation registrieren, dass etwas vor sich geht, was sich für Sie nicht richtig anfühlt. Seien Sie achtsam und halten Sie inne. «Gut, so reagiere ich also», könnten Sie zu sich selbst sagen und sich dann fragen: «Bin ich als Mutter oder Vater so, wie ich sein will? Möchte ich, dass meine Kinder mich so wahrnehmen?»

Ich bin davon überzeugt, dass jede neue Generation Dinge besser machen kann, um negative Erfahrungen nicht an das Kind weiterzugeben und es vor instinktiven und so oft vorschnellen Reaktionen zu bewahren.

2. Reflektieren. Verändern können Sie sich erst, wenn Sie sich folgenden Fragen stellen: «Aus welchem Grund habe ich so reagiert?» und «Was hätte ich in dieser Situation besser machen können?» Wenn Sie Ihr eigenes Leben, Ihre eigene Geschichte nachvollziehen und erkennen, woher Ihre Verletzungen und erlernten Verhaltensmuster rühren, können Sie sich davon befreien.

Ein Kind zu bekommen ist die Chance, die guten Strategien aus der eigenen Kindheit zu bewahren und die weniger guten hinter sich zu lassen.

Dann sinkt die Wahrscheinlichkeit, dass Sie wieder in dieselbe Falle tappen. Ihr Kind ist darauf angewiesen, dass Sie sich Gedanken darüber machen. Sie werden Ihre Überlebensstrategien so anpassen müssen, dass Sie und Ihr Kind davon profitieren. Wenn Sie es zulassen, werden Sie durch Ihre Kinder zum Therapeuten in eigener Sache.

Der Vater und die Mutter in Ihnen

Wir alle sind die Kinder unserer Eltern. Wie es in einer Familie zugeht, haben wir überwiegend von ihnen gelernt – im Guten wie im Schlechten. Manch einer sagt: «Ich erkenne meinen eigenen Vater in mir wieder» oder «Ich merke, dass ich genau so werde wie meine Mutter». Unsere Eltern prägen uns unser ganzes Leben lang – wenn wir selbst Kinder bekommen, wird das besonders deutlich. Dass Sie Ihren Vater in sich wiedererkennen, bedeutet allerdings nicht, dass Sie Ihr Vater *sind*. Sie sind weder die Wut

Ihres Vaters noch die Distanziertheit Ihrer Mutter. Ihre Eltern gehören zu den Stimmen, die Sie durch das Leben begleiten, aber Sie selbst entscheiden, wie laut diese Stimmen sprechen dürfen. Es besteht kein Grund, Angst vor ihnen zu haben. Vielleicht könnten sie aber ein Hinweis darauf sein, dass Sie selbst etwas anders machen wollen?

Je schwieriger Ihre Kindheit gewesen ist, desto mehr Unterstützung benötigen Sie, um Ihre festgefahrenen Muster zu durchbrechen. Nähe und Zuwendung sind das Einzige, was Heilung für eine schwere Kindheit verspricht. Ein Kind kann Nähe bewirken, aber denken Sie daran, dass nicht das Kind Sie heilen soll, sondern dass seine Nähe Ihnen helfen kann.

Ein eigenes Kind bietet Ihnen die Gelegenheit, sich von Ihren alten Verhaltensmustern zu befreien.

Zu viel Nähe oder zu viel Distanz?

Kürzlich erzählte mir ein älterer Mann, er neige dazu, stark zu klammern, und lasse seinem Sohn kaum Luft zum Atmen. Sein eigener Vater war in seiner Kindheit so unerreichbar für ihn gewesen, dass er nun glaubte, seinem Sohn ständig nah sein zu müssen. Obwohl er es selbst merkte, konnte er sein Verhalten nicht stoppen. Er spürte, dass dies für das Kind nicht gut war, aber sein Bedürfnis, die negativen Erfahrungen aus der eigenen Kindheit zu kompensieren, war stärker. Diese Geschichte habe ich schon in vielen verschiedenen Versionen gehört, und ich erklärte ihm, dass seine Bemühungen vielleicht fehlgeleitet seien. «Sich ändern zu wollen, reicht nicht. Sie müssen Ihren Sohn richtig wahrnehmen, richtig mit ihm in Kontakt treten», sagte ich. Wie gut unsere Absichten auch sein mögen, wir müssen uns doch immer auf das Kind einstellen. Hier ist die Bindung zwischen Ihnen entscheidend. Wenn Sie einen Dialog zwischen sich ermöglichen und ihr Kind richtig «sehen», sind Sie wieder auf dem richtigen Weg. Liebe braucht einen wachen Blick.

Auf der anderen Seite gibt es Eltern, die sich kühl und abweisend gegenüber ihren Kindern verhalten. Sie schalten ihre Gefühle aus, distanzieren sich physisch oder emotional, erstarren. Reagieren sie mit Kälte, hat ihnen meistens etwas Angst gemacht. Viele Eltern befürchten, dies würde bedeuten, dass sie ihr Kind nicht lieben können, doch es handelt sich hier nur um eine Reaktion auf etwas, womit sie nicht umgehen können. Das aber schadet Ihrem Kind – Ihr Baby braucht Nähe und Kontakt. Wenn Sie also bemerken, dass Sie überfordert sind, dass Sie nicht ausreichend emotional reagieren können, sollten Sie das ernst nehmen. Sprechen Sie mit Ihrem Partner darüber, bitten Sie Freunde um Hilfe oder suchen Sie einen Therapeuten auf. Fassen Sie Ihre Gefühle in Worte, versuchen Sie herauszufinden, wo Ihre wunden Punkte sind, und schaffen Sie einen Rahmen, in dem Sie Ihrem Kind Zuwendung schenken und ihm mit Offenheit begegnen können.

«ICH SEHE DICH»

In meiner Wohngegend wird gerade überall gebaut und die Baukräne überragen die Häuser von unten am Wasser bis hinauf zum Waldrand. Die Erbauung eines neuen, modernen Stadtteils zieht sich hin, weil die Bagger historische Überreste des alten Oslo ans Tageslicht bringen – tausend Jahre alte Boote und Werkzeuge, alte Friedhöfe und Kirchen. Wenn ich an die Menschen von früher denke, an ihr Leben, denke ich auch an das, was uns verbindet. Sicher haben sie ihre Kinder so angesehen, wie wir unsere Kinder ansehen, auch sie haben die Kleinen behutsam auf den Arm genommen, wenn sie nachts weinten, mit sanfter Stimme zu ihnen gesprochen, ihr Gebrabbel und ihre Babysprache nachgeahmt.

Es ist leicht, sich über Erwachsene lustig zu machen, die die Babysprache benutzen. Das kann auf Außenstehende seltsam wirken, ist aber für die Kinder von großer Bedeutung. Wahrscheinlich haben wir Menschen von Anbeginn so mit unseren Kindern gesprochen. Bei der Begegnung mit einem Baby spielt die Zeit keine Rolle mehr. Da sind tausend Jahre ohne Bedeutung und alles ist ganz elementar: Das Kind braucht von Anfang an das Gefühl, gesehen und gehört zu werden, lange bevor es einen Zugang zur Sprache entwickelt.

Wenn Sie liebevoll auf das unverständliche Gemurmel antworten, sagen Sie damit: «Ich sehe dich. Ich höre dich. Ich mag dich.»

Um Entschuldigung bitten

Viele Menschen, die als Kinder körperliche Bestrafungen erfahren haben, greifen instinktiv ihren eigenen Kindern gegenüber zu denselben Mitteln. Dass Reaktionen schnell ablaufen, bedeutet aber wie gesagt nicht, dass sie auch begrüßenswert sind. Sie können dabei in einen Automatismus geraten, Ihr eigenes Verhalten zu rechtfertigen. «Sie hat es provoziert», könnten Sie denken, oder «Das muss er abkönnen». Doch da täuschen Sie sich. Ein Kind verträgt es nicht, wenn seine Eltern ihm wehtun. Das Kind profitiert wiederum von Eltern, die sich bemühen, die etwas besser machen wollen, ihre Fehler erkennen, diese wiedergutmachen und die emotionale Bindung zwischen sich und ihrem Kind festigen wollen.

Bitten Sie um Entschuldigung, wenn Sie einen Fehler gemacht haben! Tun Sie es einfach, auch wenn Ihr Kind noch ganz klein ist, und finden Sie heraus, wie Sie verhindern können, dass Ihnen dieser Fehler wieder unterläuft. Sie haben für eine erfolgreiche Erziehung zwanzig Jahre Zeit und stehen erst in den Startlöchern. Wenn Sie Fehler machen, sind Sie es dem Kind schuldig, sich zu ändern.

Seine eigenen Eltern beobachten

Werden Sie Mutter oder Vater, begegnen Sie nicht nur Ihrer eigenen Kindheit wieder, sondern werden vielleicht auch Zeuge der Begegnung Ihrer Eltern mit einem kleinen Kind. Eltern in der Großelternrolle zu beobachten, verrät Ihnen etwas darüber, was für Eltern diese einst selbst waren. Vielleicht erkennen Sie eine liebevolle Zuwendung in ihrem Verhalten, die Sie vergessen hatten? Oder Distanz und Unbeholfenheit? Vielleicht verhalten sich Ihre Eltern als Großeltern ganz anders? In der Begegnung mit einem Baby zeigt die Großfamilie ihr Gesicht. Einige Familien bieten viel Zeit und Energie auf, um das Kind willkommen zu heißen, während andere ihm kaum Beachtung schenken.

Vor einiger Zeit rief mich Maria an, eine Klientin, die ich noch aus ihrer Teenagerzeit kenne und die gerade Mutter geworden war. Ich hatte sie mehrere Jahre nicht gesehen und war etwas überrascht, als sie dringend um ein Gespräch bat.

Sie kam weinend mit dem Baby auf dem Arm herein und setzte sich auf meine Couch. Sie war überwältigt von dem Gefühlscocktail, den ein neues Baby mit sich bringt, mehr noch aber von dem Gefühl, sie hätte durch das Baby ihre eigene Mutter verloren. Die Mutter war in ihrer schwierigen Jugend immer für sie dagewesen, und Maria hatte auch als Erwachsene einen guten Kontakt zu ihr gehabt. Das hatte sie zumindest gedacht. Aber für ihre Schwangerschaft hatte die Mutter keinerlei Interesse gezeigt, fragte nie, wie es Maria ging, hatte ihr zwar etwas Babywäsche geschenkt, dies war aber beinahe mechanisch und auf eine widerwillige Art geschehen. Maria hatte erwartet, dass sich das nach der Geburt des Babys ändern würde, aber sie hatte sich getäuscht. Ihre Mutter hatte nur einen flüchtigen Blick in den Kinderwagen geworfen und gesagt, dass das Baby süß sei. Sie nahm es nicht auf den Arm, bewunderte es nicht, wandte sich ihm nicht zu. Maria war am Boden zerstört. Hatte ihre Mutter sich ihr gegenüber, als sie klein war, genauso verhalten? War das der Grund dafür, dass sie sich selbst immer so einsam fühlte? Die Tränen liefen ihr über die Wangen, während sie das Baby an sich drückte. Das Gefühl, betrogen worden zu sein, war mit Händen zu greifen. War ihr die Mutter doch nicht so nahe gewesen, wie sie gedacht hatte?

Jeder Mensch hat seine Geschichte, seinen Hintergrund. Während wir miteinander sprachen, erzählte Maria schließlich, dass ihre Mutter sie in viel zu jungem Alter bekommen hatte, noch dazu mit dem falschen Mann. Sie musste sich allein durchschlagen und arbeitete viel, um ihre kleine Familie zu ernähren. Vielleicht hatte ihre Mutter einfach nicht die Gelegenheit gehabt, ihr so nah zu sein und die Babyzeit zu genießen – und Großmutter zu werden erinnerte sie womöglich schmerzlich daran? Wir sprachen darüber, dass Marias Mutter sicher ihr Bestes gegeben hatte. Es war ihr schließlich gelungen, eine enge Beziehung zu ihrer Tochter aufzubauen, obwohl die Voraussetzungen schwierig waren. Das zeugt von großer Stärke.

Als sie ihre Mutter besser verstand, konnte Maria auch deren

Reaktionen besser nachvollziehen und erkennen, dass diese nicht gegen sie gerichtet waren, dass ihre Mutter ihr damit nichts sagen wollte. Sie konnte nur einfach nicht anders. Dadurch wurde es für Maria leichter, ihrer Mutter zu verzeihen, auch wenn es wehtat, diesen Teil der Familiengeschichte zu betrachten, über den sie nie gesprochen hatten.

Eine Woche später kam sie wieder zu mir und berichtete, dass sie ihre Mutter darauf angesprochen hatte, worauf diesmal die Mutter geweint hatte. Denn die Geschichte stimmte, und die Mutter hatte bisher mit niemandem darüber geredet. Zum ersten Mal hatte sie jetzt ihr Enkelkind in den Arm nehmen können. Die Familie hatte damit die Gelegenheit zu einem Neubeginn erhalten.

Eltern zu werden verrät uns etwas darüber, woher wir kommen und wer wir sind, es kann aber auch der Beginn einer neuen Familiengeschichte sein.

SPIELEN IST DIE LÖSUNG!

Das Spielen ist ein Geschenk an die Menschheit. In eben diesem Augenblick spielen überall auf der Welt Kinder desselben Alters auf dieselbe Weise. Wir sind alle gleich, und das Spielen macht uns stärker, intelligenter und fröhlicher. Eigentlich sollten wir alle das ganze Leben lang spielen – für kleine Kinder aber ist es lebenswichtig. Durch das Spielen eignen sie sich genau das an, was sie gerade brauchen. In den ersten 24 Monaten werden Sie beobachten können, dass sowohl Ihr Kind als auch seine Art zu spielen sich weiterentwickeln.

Wenn Sie aufmerksam sind und Ihr Kind beim Spielen unterstützen, vermitteln Sie ihm oder ihr Sicherheit und verhelfen ihm zu einer guten geistigen und körperlichen Entwicklung. Gleichzeitig teilen Sie beim Spiel viele herrliche Momente der Nähe mit dem Kind.

Begeben Sie sich also auf den Fußboden, auf Augenhöhe mit Ihrem Kind, wo das Spielen stattfindet. Als Eltern von Kleinkindern sollten Sie jeden Tag etwas Zeit dort zubringen, egal wie schick Sie angezogen oder wie steif Ihre Knie sind. Das Leben auf dem Boden ist spannend, doch Sie müssen selbst dort hinunter, um es zu entdecken.

DIE ERSTEN 8 WOCHEN

Für die Allerkleinsten sind Füttern und Wickeln das Allerschönste. In diesen Wochen sollten Sie nur danach streben, Ihrem Kind Geborgenheit, Sicherheit und Nähe zu schenken. Das Kind soll in dieser Zeit ankommen und zu seinem eigenen Rhythmus finden, beruhigt werden und spüren, dass die Welt ein sicherer Ort ist. Hierbei sollten Sie keinen zu großen Ehrgeiz an den Tag legen, sondern sich viel Zeit lassen.

8–12 WOCHEN

In dieser Phase werden Sie und Ihr Kind zum ersten Mal richtig miteinander in Kontakt treten. Plötzlich wird ein aktiver kleiner Mensch aus ihm. Jetzt ist die Zeit für den sogenannten Sprecherwechsel gekommen – das heißt, dass Sie dem Kind Gelegenheit geben, Ihnen zu antworten. Wenn Sie mit dem Kind gesprochen und es angelächelt haben, warten Sie auf seine Erwiderung. Vergessen Sie nicht, dass es noch neu ist auf dieser Welt, blicken Sie es also interessiert an und lassen Sie ihm Zeit und Raum für seine Antwort. In den folgenden Wochen sind diese kleinen, wortlosen Dialoge das liebste Spiel Ihres Kindes. Unterhalten Sie sich mit ihm, machen Sie lustige Geräusche und schneiden Sie Grimassen. Tun Sie alles, was die Aufmerksamkeit Ihres Babys erregt, sodass es auf seine Art antworten kann.

16–20 WOCHEN

Jetzt erlangen die meisten Babys eine bessere Körperkontrolle. Sie können die Arme ausstrecken, nach erstrebenswerten Dingen greifen, Sachen festhalten und sie schütteln. Von nun an erregen Kuscheltiere und lustige Rasseln ihr Interesse. Doch ihre Aufmerksamkeitsspanne ist kurz – wir sprechen hier von wenigen Minuten, vielleicht sogar nur von 30 Sekunden. Ein kleines Kind braucht nicht viele Spiele, sondern vor allem den Austausch mit Ihnen – dass Sie geben und empfangen. Das Kind wünscht sich, dass Sie sich beide für dasselbe interessieren und es sich gemeinsam ansehen und dann – wenn es keinen Spaß mehr macht – etwas anderes tun. Jetzt entdeckt das Kind auch die Freude an einfachen Reimen, Versen und kurzen Liedern.

Das erste Spiel, das alle kleinen Kinder begeistert, ist das Guck-guck-Spiel, wobei Sie sich verstecken und dann wieder hervorgucken. An diesem Spiel sollten Sie festhalten und es an die Entwicklung des Kindes in den ersten 24 Monaten anpassen: Während Sie für Ihr vier Monate altes Baby zunächst Ihre Augen bedecken und nach einigen Sekunden mit einem Lächeln wieder hervorschauen, kann sich Ihr Kind später, wenn es 18 Monate alt und ein großer Entdecker geworden ist, bei dem Spiel unter dem Tisch und in Kartons verstecken. Ihr Kind ist dabei sehr gespannt, ob Sie wirklich immer noch da sind. Dieses Spiel bestätigt dem Kind, dass *ich* und *du* zwei verschiedene Personen sind – und dass die beiden sich mögen! Das fröhliche Lachen

und die wechselseitige Freude bei Kind und Erwachsenem, wenn der Kontakt wiederhergestellt wird, vermittelt beiden das starke Gefühl, geliebt zu werden, erwünscht und wertvoll zu sein. Es ist so einfach – und drückt etwas sehr Schönes aus. Wenn wir uns über den Anblick des Kindes freuen, sagen wir damit: «Du bist auf dieser Welt willkommen.» Das Guck-guck-Spiel entwickelt sich weiter, wenn man es zulässt. Sie können es noch spielen, wenn das Kind bereits im Kindergartenalter ist, obwohl es am beliebtesten ist, kurz bevor das Kind beginnt, die Sprache für sich zu entdecken.

6 MONATE

Jetzt bilden sich die Muskeln aus und das Kind ist stark genug, um zu sitzen, zu krabbeln, sich irgendwo hochzuziehen und schließlich die ersten unsicheren, wundersamen Schritte zu machen. Dafür benötigt es nichts weiter als jemanden, der es stützt und ihm beim Üben hilft. Lassen Sie Ihre Besorgnis nicht überhandnehmen. Sehen Sie die Chancen, nicht die Gefahren! Haben Sie keine Angst, dass Ihr Kind vom Teppich kullert, das macht gar nichts. Machen Sie sich keine Gedanken über Bakterien und Schmutz, denn die nehmen die Kinder so oder so auf. Allerdings sollten Sie das Kind auch nicht unter Druck setzen, sondern ihm den Weg ebnen. Als Eltern ist es Ihre Aufgabe, dem Kind jeden Tag kurze Trainingseinheiten zu ermöglichen.

In diesem Alter sind Spiele beliebt, bei denen Sie einander Sachen geben und wieder zurücknehmen. Noch benutzt Ihr Kind nur eine Hand zum Greifen, aber allmählich

wird es beide Hände zu Hilfe nehmen. Vergessen Sie nicht, sich auf das Kind einzustellen. Zum Spielen sollte es wach und zufrieden sein, wobei wir von recht kurzen Zeitabschnitten sprechen. Spielen Sie, wenn das Kind es möchte, nicht wenn Sie wollen.

9 MONATE

Jetzt möchte sich das Kind unbedingt aufrichten. Es wird jede Gelegenheit wahrnehmen, um sich hochzuziehen – an Stuhllehnen, Sofakissen, dem Fernsehtisch – alles, was ihm hilft, sich auf zwei Beinen fortzubewegen, ist attraktiv. Dies ist ein wichtiger Schritt hin zum Laufen-Lernen, also sorgen Sie dafür, dass Ihr Zuhause so sicher ist, dass Sie entspannt beobachten können, mit welcher Energie Ihr Kind vorgeht. Es kennt nur ein Ziel – endlich aufzustehen und zu laufen!

Helfen Sie ihm dabei, ermuntern und fordern Sie es. Alle Spiele, die Ihre Bindung festigen, die das Kind zum Lachen bringen, sind wichtig, weil Sie auf diese Weise bei Ihrem Kind sein und herausfinden können, was es besonders mag. In diesem Alter will Ihr Kind am liebsten mit Ihnen zusammen sein. Es kann deutlich zeigen, dass es Lieblingsmenschen hat, und es fremdelt häufig. Versuchen Sie deshalb, die Bekanntschaft mit neuen Menschen so sanft wie möglich einzufädeln. Zeigen Sie Ihrem Kind, dass Sie die andere Person kennen, sie ein lieber Mensch ist und keine Gefahr von ihr ausgeht.

12 MONATE

Wenn das Kind ein Jahr alt wird, geschieht etwas – es entwickelt sich vom Baby zum Kleinkind. In seinem Körper und seinem Kopf gehen Veränderungen vor. Bald spricht es die ersten Wörter, und das bedeutet wiederum, dass es wichtiger wird, Dinge zu benennen und mit dem Kind zu reden. Gewöhnen Sie sich an, mit dem Kind zu sprechen, auch wenn Sie keine richtige Antwort erhalten. Binden Sie Wörter in das Spiel ein, erzählen Sie, was Sie gerade tun, stellen Sie einen Zusammenhang zwischen Wörtern und der Welt her. Sprechen Sie über alles Mögliche, lesen Sie gemeinsam Bücher oder schauen Sie sich Bilder an und reden Sie beide darüber, was es dort zu sehen gibt – sofern das Kind Spaß daran hat. Finden Sie heraus, was Ihr Kind fasziniert, und konzentrieren Sie sich darauf!

Körperbetonte Spiele, bei denen das Kind in die Luft geworfen wird und es ein aufregendes Kribbeln im Bauch verspürt, sollte es nur mit Personen spielen, denen es vollständig vertraut. Diese Spiele setzen ein Wir-Gefühl voraus und sind nichts für Onkel und Tanten, die nur hin und wieder zu Besuch kommen. Kinder profitieren von der physischen Spannung und der Erfahrung, dass nichts Schlimmes passiert. Einige Kinder suchen das Risiko, andere wiederum die Sicherheit. Kinder, die das Risiko lieben, werden Sie bändigen müssen, bei vorsichtigen Kindern kann es dagegen eine Herausforderung sein, will man ihnen Freude an solch körperbetonten Spielen vermitteln. Das Kind braucht Erfolgserleb-

nisse, es muss sehen, dass ihm Dinge gelingen. Ein Kind, das Angst davor hat, eine Rutsche hinunterzurutschen, wird nicht weniger ängstlich, wenn Sie ihm sagen: «Du musst rutschen! Los jetzt, rutsch!» Es braucht Ermunterung, sein Mut muss herausgefordert werden, und vielleicht müssen Sie gemeinsam rutschen – was auch immer nötig ist, um dem Kind Sicherheit zu geben. Wenn Sie das Kind unter Druck setzen, nimmt die Bindung zwischen Ihnen Schaden.

18 MONATE

Lassen Sie sich begeistern! Alles, was sich bewegt, alles Große erregt die Aufmerksamkeit des Kindes, und wenn Sie sich einmal umsehen, werden Sie merken, dass die Umgebung voll davon ist. Autos sind wunderbar, Hunde sind interessant, Pfützen sind ein Abenteuer und am Himmel ziehen Flugzeuge ihre Bahn. Jetzt kommt es darauf an, dass Sie das Interesse des Kindes teilen – denn in dieser Phase ist praktisch alles ein Spiel. Halten Sie inne und lassen Sie sich gemeinsam mit Ihrem Kind davon beeindrucken, wie fesselnd eine Baustelle sein kann – Ihr Smartphone lassen Sie dabei am besten in der Tasche.

Je besser das Kind laufen, klettern und rennen lernt, desto mehr ist es auf Entfaltungsmöglichkeiten angewiesen. Rufen Sie «Achtung, fertig, los!», spielen Sie Fangen, ermöglichen Sie dem Kind, dass es sich unter Ihrer Aufsicht an Rutsche und Klettergerüst ausprobieren kann. Wenn es etwas schafft, wenn es allein auf einen Stein

oder eine Schaukel hinaufklettern kann, wenn es sich traut, allein zu rutschen, wird es einen Erfolgsrausch erleben und auch danach streben, andere Dinge auszuprobieren. Wenn Sie dabei und ganz für Ihr Kind da sind, wird es sich von Ihnen beachtet fühlen.

24 MONATE

Noch ist es zu früh für Ihr Kind, um gemeinsam mit anderen Kindern zu spielen, aber es ist bereits gern mit Gleichaltrigen zusammen. Neben anderen zu spielen ist viel toller als ganz allein. Wenn Ihr Kind nicht den Kindergarten besucht, sollten Sie dorthin gehen, wo andere Kinder sind, damit es von der kindlichen Gesellschaft profitiert. Erwarten Sie jedoch nicht, dass die Kinder zusammen spielen, Dinge miteinander teilen oder in anderer Hinsicht Rücksicht aufeinander nehmen – sie schubsen einander, wenn sie um ein Dreirad streiten oder ihre Spielkameraden als lästig empfinden. Sie sollten in dieser Situation nicht versuchen, zu vermitteln oder dem Kind das Teilen beizubringen, sondern vielmehr eine Lösung finden, damit die Kinder einander nicht schubsen, beißen oder schlagen. Dabei sind alle Lösungen recht: ein anderes Spiel zu initiieren, die Kinder abzulenken oder die Situation ganz ruhig zu beenden. Die Hauptsache ist, dass Sie es tun, ohne zu schimpfen und ohne Ihrem Kind Vorwürfe zu machen. Mit anderen Kindern zu spielen ist eine Fähigkeit, die sich erst noch entwickelt, und dabei wird Ihr Kind Ihre Unterstützung benötigen. Zunächst einmal aber braucht es Ihre Hilfe, wenn es noch nicht alles allein hinbekommt.

Im Alter von zwei Jahren eröffnet sich dem Kind auch eine Phantasiewelt: Dinge können mit unterschiedlichen Stimmen sprechen, Kuscheltiere, Bäume und Autos haben etwas mitzuteilen. Gemeinsam können Sie allem in Ihrer Umgebung die unglaublichsten Eigenschaften andichten. Die Sprache eröffnet eine völlig neue Dimension.

Während sich die motorischen Fähigkeiten des Kindes zunehmend verbessern, kann es viel Spaß machen, Fußball zu spielen, Steine ins Wasser zu werfen oder durch Pfützen zu laufen. Ihr Kind wird Ihnen sagen, was es möchte, und ganz besonders interessant findet es, bei dem, was die Erwachsenen tun, mitzumachen und zu helfen. Kinder sind ganz versessen darauf, beim Füllen der Spülmaschine oder dem Aufwischen von Pfützen behilflich zu sein (auch wenn sie dabei keine echte Hilfe sind) und Erwachsenen-Tätigkeiten wie Bügeln, Staubsaugen oder Kochen zu imitieren. Das vermittelt dem Kind das Gefühl, dass es nicht nur eine Belastung ist, sondern auch selbst etwas beitragen kann. Wenn Sie sich bedanken und den Beitrag des Kindes wertschätzen, zeigen Sie damit, dass jedes Familienmitglied wertvoll ist. Natürlich ginge alles schneller, wenn Sie es selbst erledigten, aber wenn Sie dem Kind in dieser Phase die Möglichkeit geben, etwas beizutragen, stärken Sie sein Selbstgefühl.

JUNGEN UND MÄDCHEN – DIE UNTERSCHIEDE SIND REAL

Mädchen können alles früher als Jungen. Sie sprechen zuerst, laufen zuerst und legen noch vor den gleichaltrigen Jungen die Windeln ab, und auch mit dem Malen und Lesen beginnen sie früher.

Der Unterschied zwischen den Geschlechtern ist auch in Bezug auf das Aktivitätsniveau groß und wenn es um die Kontrolle des eigenen Verhaltens geht. Natürlich gibt es sowohl ruhige Jungen als auch lebhafte Mädchen, aber alles in allem haben die Eltern von Jungen mehr Arbeit. Das hat mehrere Ursachen, unter anderem die, dass das Gehirn von Mädchen früher reift und sich damit auch ihre Fähigkeit zur Kontrolle früher entwickelt. Im Alter von zwei bis vier Jahren tritt das besonders deutlich zutage, aber die meisten Eltern bemerken den Unterschied schon früher. Für Eltern von Jungen kann es unter Umständen eine Erleichterung sein, dies zu wissen, denn eine Essenseinladung mit einem gleichaltrigen Mädchen kann ein sehr peinliches Erlebnis sein.

Man kann leicht zu der Meinung gelangen, die Eltern lebhafter Jungen hätten ihren Job schlecht gemacht, aber meistens liegen nur geschlechtsspezifische sowie individuelle Unterschiede vor. Wenn die Kinder erwachsen

werden, gleicht sich das wieder aus. Statt überall nur schlechte Eltern zu sehen, könnten wir einander helfen, indem wir Verständnis dafür haben, dass das Leben mit einem 18 Monate alten Kind voller Forschungsdrang nicht einfach ist. Dass wir Eltern andere verurteilen, macht uns nicht zu besseren Eltern. Ganz im Gegenteil.

GRENZEN UND KONSEQUENZEN – EIN BEHUTSAMER BEGINN

Man ist leicht versucht zu denken, man sollte so früh wie möglich mit der Erziehung beginnen. Man könne schon jetzt, solange das Kind noch klein ist, bewirken, welche Tischmanieren es entwickelt oder wie gut es das Teilen lernt.

Aber Ihr Kind ist noch nicht in der Lage, dergleichen zu lernen oder sich Regeln zu merken, die Sie zu einem so frühen Zeitpunkt einführen. In diesem Stadium ist nur die Liebe zwischen Ihnen von Bedeutung. Dennoch sind Sie derjenige, der das Kind lenkt, der bestimmt und der dem Baby den Weg ins Leben weist.

Kleine Entdecker

Als ich meinen ersten Sohn bekam, hatten wir in der Küche Terrakottafliesen, auf denen Gläser nicht einfach nur zerbrachen, sondern in einer schieren Explosion pulverisierter Glasscherben in der ganzen Wohnung zerstoben. Ich kann es heute noch wie in Zeitlupe vor mir sehen. Mein Sohn nutzte damals jede Gelegenheit, um zu überprüfen, ob sich das so auch wirklich immer wiederholte – er erforschte unermüdlich wie ein Wissenschaftler den physikalischen Aufprall von Glas auf einem Fliesenboden.

Eigentlich sind alle kleinen Kinder Forscher und Entdecker. Sie wollen herausfinden, wie sich Nutella an den Fingern anfühlt, wollen probieren, wie Seife schmeckt, wollen wieder und wieder die Schwerkraft erproben. Alles in allem tun sie viele Sachen, die wir für dumm halten, obwohl wir es früher auf die gleiche Weise gelernt haben.

Ich kaufte schließlich Geschirr, das über die Fliesen hüpfte anstatt zu zerspringen, und da wandte er sein Interesse anderen Dingen zu. Allmählich lernte mein Sohn, was zerbrechlich war und was nicht. Er begriff die Gesetzmäßigkeiten der Schwerkraft, verstand, dass ein Kamin heiß sein kann, und erlernte das Fahrradfahren. Er entwickelte auch ein Verständnis dafür, was Gefühle bewirken, was Menschen verletzen und was sie freudig stimmen kann. Er lernte eine zweite Sprache, das Einmaleins und ein Instrument, begriff, wie wichtig es ist, dass sich Menschen wahrgenommen fühlen. Er lernte zu vergeben. Abgewiesen zu werden. Jemanden zu lieben.

Irgendwann lernen wir das alle.

Zuerst aber sollten wir Entdecker sein dürfen.

Die Situation lösen

Kinder finden es lustig, Bücher aus dem Regal zu ziehen, sich an Gardinen zu hängen, sie lieben blanke Fernsehbildschirme und das Knistern des Kaminfeuers. Für sie ist jedes Zuhause im Grunde so etwas wie ein wundervoller Vergnügungspark mit glänzenden, lärmenden und bunten Dingen. Versuchen Sie ein Kind, das sich an dergleichen ausprobiert, zurechtzuweisen, indem Sie es ausschimpfen oder zu hart reagieren, lernt das Kind nur eines – dass man sich von Ihnen fernhalten sollte, nicht vom Kamin.

Sie müssen keine Verbote aussprechen wie bei der klassischen Kindererziehung. Tut das Kind etwas Gefährliches, müssen Sie Nein sagen und eine Grenze ziehen, jedoch nie mit dem Hintergedanken «das sollte das Kind lernen». Sie können die jeweilige Situation nur nach bestem Vermögen lösen.

«Aber was ist mit einem Einjährigen, der an den Herdknöpfen dreht? Das ist doch gefährlich, das muss er doch lernen?», fragte mich einmal eine Mutter. Zuerst müssen Sie für eine Kindersicherung am Herd sorgen, das ist in diesem Alter lebenswichtig. Und falls das Kind Gefährliches tut, sollten Sie so behutsam wie möglich «Nein» sagen und seine Aufmerksamkeit anschließend auf etwas anderes Interessantes lenken, mit dem es sich stattdessen beschäftigen kann.

Kinder, die Angst verspüren, nehmen nichts wahr, sie sind gewissermaßen taub. Mit anderen Worten: Ein laut und beängstigend geäußertes «Nein» wird sie nichts lehren. In den ersten zwei Lebensjahren lernen die Kleinen noch nicht so viel, haben sie aber Angst, können Sie sicher sein, dass sie rein gar nichts aufnehmen. Deshalb sollten Sie in solchen Situationen zuerst für Beruhigung sorgen, das ist das Wichtigste.

Darüber hinaus wird es immer Kinder geben, die beharrlicher sind und einen größeren Forscherdrang zeigen als andere, Kinder, die etwas wieder und wieder ausprobieren wollen. Vielleicht kommt es zu einer Art Beharrlichkeitswettkampf zwischen Ihnen, aber machen Sie sich eines bewusst – dem Kind fehlt noch das Verständnis dafür, was es heißt, den Herd anzustellen – nur Sie wissen, was das bedeutet. Und Sie sind auch dafür zuständig, eine Lösung für das Problem zu finden.

In diesem Alter macht die nachdrückliche Aussprache von Verboten nur wenig Sinn. Sie müssen dem Kind auch noch nicht erklären, weshalb dieses oder jenes, was es tut, gut oder gefährlich ist – das Verständnis dafür fehlt ihm in diesem Moment einfach noch.

Jetzt geht es nur darum, dass das Kind seinen Platz in der Ge-

> **Das Leben der Kleinsten spielt sich auf dem Boden ab. Wollen Sie richtig mit Ihrem Kind in Kontakt treten, müssen Sie sich auf Augenhöhe des Kindes begeben, müssen von Angesicht zu Angesicht mit ihm kommunizieren.**

meinschaft und seinen eigenen Rhythmus findet. Und Sie zeigen Lösungen auf, sollten Probleme entstehen.

Wütende Erwachsene

Vor ein paar Jahren kam eine Zeit lang ein junges Paar zu mir. Über den Mann habe ich mir viele Gedanken gemacht. Sie hatten eine kleine Tochter bekommen, und er fühlte sich ein bisschen in die Vaterschaft hineingedrängt, hielt es eigentlich für zu früh, eine Familie zu gründen, wollte weiterhin ein Leben führen, in dem er mit seinen Freunden Städtereisen machen konnte. Er gab an, sich durch das Kind gefesselt zu fühlen. Bei ihm löste dieses Gefühl viel Wut aus, er ließ sich leicht provozieren. Er kam müde von der Arbeit nach Hause und ärgerte sich über seine Partnerin, darüber, wie es in der Wohnung aussah und dass das kleine Kind rein gar nichts zu lernen schien. Ich glaube, das Kind war damals circa 18 oder 19 Monate alt, und obwohl die Mutter den Großteil seiner

Frustration zu spüren bekam, war auch das Kind davon tangiert. Wütende Erwachsene sind für kleine Kinder jedoch wirklich bedrohlich, weil die Erwachsenen so groß sind. Sind Sie häufig wütend, wird Ihr Kind daher irgendwann Angst vor Ihnen entwickeln.

Auf der anderen Seite ist die Verärgerung des Kindsvaters aber auch verständlich. Er fühlte sich in gewisser Weise gleichermaßen gefesselt wie hinters Licht geführt – und so etwas lässt uns Menschen leicht mit Wut reagieren. Dass ich mich überhaupt noch so gut an ihn erinnere, liegt an den ersten Worten, die er an mich richtete: «Ich weiß, dass etwas schiefgelaufen ist.» Er erzählte, dass er kürzlich von der Arbeit nach Hause gekommen und das Kind bei seinem Anblick vor ihm weggelaufen sei. Die Tochter hatte richtig Angst vor ihm gehabt. Dass etwas erst so ausufern muss, tut weh, diese Geschichte hatte aber auch einen positiven Nebeneffekt – nicht jeder erkennt, dass er falsch gehandelt hat. Wir guckten uns über einen längeren Zeitraum gemeinsam an, wie ein Kind einen frustrierten Erwachsenen wahrnimmt und was das für Auswirkungen auf die Beziehung zwischen dem Kind und dem Erwachsenen hat. Stück für Stück näherte er sich seiner Tochter wieder an, und damit konnte er auch leichter nachvollziehen, warum seine Partnerin sich für das Kind entschieden hatte. Seine Wut hatte ihn gewissermaßen einsam werden lassen, hatte ihn von seiner neuen kleinen Familie entfernt.

Sie selbst müssen Verantwortung für Ihre Wut übernehmen. Diese auf ein Kind zu richten, ist immer ein Fehler. Eltern zu werden bedeutet, dass sich das Leben stark ändert: Sie sind daran gebunden, sich viel zu Hause aufzuhalten, Sie können weniger Dinge erledigen und haben vielleicht sogar das Gefühl, dass Sie sich Dinge schlechter als früher merken können. Diese Hilflosigkeit kennen unzählige Eltern. Das Beste, was Sie in solchen Situationen tun können, ist, sich bewusst zu machen, dass Sie Ihrem Kind mit Ihrem jetzigen Verhalten nichts Gutes tun.

Sich abwenden

Ich habe schon Eltern kennengelernt, die glaubten, ihr Kind rächte sich an ihnen, es würde gewissermaßen zurückschlagen. So etwas tun Kinder aber nicht. Eine Mutter erzählte, ihr Sohn würde sich «leicht überheblich» von ihr wegdrehen, wenn es zwischen ihnen zu Problemen käme. Behandeln Sie Ihr Kind schlecht, leidet das Verhältnis zwischen Ihnen darunter, und das Kind kann dies nur ausdrücken, indem es sich abwendet. Das ist keine Rache, es ist die einzige Art, auf die das Kind Ihnen mitteilen kann, dass es gerade nicht weiß, woran es mit Ihnen ist. Damit äußert es im Grunde, dass es eine Problemlösung, Trost, Nähe und Geduld braucht. Es obliegt Ihnen als Mutter oder Vater, zu erkennen, dass etwas nicht stimmt, und die Angelegenheit von dort aus anzupacken.

Das zurechtgewiesene Kind

Bei einem Seminar bin ich vor ein paar Jahren einer Frau begegnet, die mir auf Anhieb sympathisch war. Mit ihrer Ausstrahlung, ihrem gewinnenden Lächeln konnte sie einen ganzen Raum für sich einnehmen. Im Gespräch erzählte sie mir, dass sie früher einmal etwas von mir über Kindererziehung gelesen habe. In ihrer eigenen Kindheit habe ein strenges Regiment geherrscht, sie sei in einer großen Geschwisterschar aufgewachsen und ihre Eltern seien auf Ordnung und Disziplin bedacht gewesen. Jetzt hatte sie ein Kind mit einem sehr liebevollen Mann bekommen. Auch die Schwiegereltern waren reizend, verhielten sich rücksichtsvoll und behutsam im Umgang mit ihrer Tochter, sodass es für sie als Mutter fast schon zu viel war. Sie hatte das Gefühl, jemand müsse stärker dafür sorgen, Grenzen zu setzen und der Tochter von sechs Monaten beibringen, dass «Nein» auch wirklich «Nein» bedeutete. Mit großem Eifer nahm sie selbst diese Aufgabe wahr.

DIE ERSTEN 18 MONATE SIND DIE ZEIT DER VERLIEBTHEIT, SIE MÜSSEN GAR NICHTS VERBIETEN. DAS WORT «NEIN» IST IN DIESEM ALTER BEDEUTUNGSLOS.

Wenn das Kind zu viel geschrien, Lärm gemacht, mit dem Essen gekleckert oder sich Dingen zugewendet hatte, die gefährlich waren, hatte sie das Baby an sich genommen, es in sein Bettchen gelegt, «Pfui, nein!» gesagt und es dort ein Weilchen allein liegen gelassen.

Das tat sie nicht ohne liebevolle Zuwendung, aber sie wollte nun mal, dass das Kind Grenzen kennenlernte, und fürchtete, die ganze Verhätschelung könnte der Tochter schaden. Als sie dann aber beim Lesen meines Buches erkannte, wie wenig Kinder in diesem Alter lernen können, beschloss sie noch am selben Abend, mit der Zurechtweisung ihrer Tochter aufzuhören. Das führte zu Hause rasch zu mehr Harmonie. Das Mädchen wollte häufiger kuscheln und auf dem Schoß der Mutter sitzen. Erst da wurde der Frau bewusst, dass das Mädchen immer lieber bei anderen als bei ihr auf dem Schoß gesessen hatte, dass ihre eigene Tochter sie gewissermaßen gemieden hatte. Als sie mir das erzählte, weinte sie – wir beide weinten – und dann sagte sie am Ende mit diesem so ganz besonderen Lächeln: «Es war, als hätte ich erneut ein Kind geboren.»

Ihre Gefühle obliegen Ihrer Verantwortung

Viele Eltern neigen dazu, von ihren eigenen Gefühlen zu sprechen, wenn sie dem Kind sagen möchten, dass es etwas getan hat, das ihnen missfällt. «Papa hat Angst, wenn du so dicht an die Autos herangehst», sagen wir, oder: «Wenn du so schreist, ist Mama ganz geschafft.» Ich kann nachvollziehen, dass man dem Kind gerne beibringen möchte, dass sein Handeln Konsequenzen hat, so zu agieren ist aber nicht besonders empfehlenswert – und zwar, weil Sie die Verantwortung für Ihre eigenen Gefühle übernehmen müssen, nicht Ihr Kind – werden Sie wütend oder haben Sie Angst, müssen *Sie* etwas dagegen tun. Sonst geben Sie dem Kind die Schuld, teilen ihm dadurch mit, dass es wertlos ist und es Sie verletzt hat. Das aber führt langfristig dazu, dass Kindern zu viel Verantwortung aufgebürdet wird und sie von Schuldgefühlen belastet werden.

Ängstigen Sie sich grundlos, sollte das Kind mit dem, was es tut, fortfahren dürfen. Gibt es dagegen einen guten Grund für Ihre Angst, müssen Sie etwas dagegen unternehmen. «Lauf nicht so dicht an die Autos heran, das ist gefährlich!» ist in diesem Fall eine bessere und klarere Aussage.

Antiautoritärer Erziehungsstil

Denke ich daran zurück, welche Kindererziehung ich früher – bevor ich selbst Mutter wurde – für richtig gehalten habe, muss ich erröten. Damals hatte ich die Vorstellung, dass mein Kind nicht zu denen gehören sollte, die den Mittelgang eines Flugzeuges entlangrennen und andere ärgern, dass es am Tisch stillsitzen und ein höflicher kleiner Junge sein sollte, der sich anstandslos die Hände wusch. Ich hatte sehr konkrete Vorstellungen, was in dieser Hinsicht wichtig war, doch dann kam mein Sohn zur Welt, und mir wurde klar, wie unwichtig das alles war – und dass dies nicht die richtige Herangehensweise war. Andere Kinder können einen nerven, bekommt man aber selbst welche, erkennt man, dass Kinder nun einmal so sind. Irgendwann hört sowieso jedes Kind damit auf, wild irgendwo entlangzurennen.

Was also zählt überhaupt? Was hilft dem Kind beim Erwachsenwerden? Was sorgt dafür, dass es sich gut in die Gesellschaft einfügt und mit seinem Umfeld gut zurechtkommt?

Im Großen und Ganzen geht es darum, Kinder Geborgenheit spüren zu lassen und ihnen in ihrem Leben ein Zugehörigkeitsgefühl zu vermitteln – man bekommt die Familie, die man verdient. Nehmen Sie Ihr Kind mit in ein Café, geht es nicht darum, dass Ihr Kind «sich gut im Café benehmen kann». Es sollte darum gehen, dass es Spaß macht, gemeinsam ins Café zu gehen. Es geht um das *Wir*, nicht darum, dass sich das Kind fügt.

Ich setze mich für eine Erziehung ein, bei der im Mittelpunkt steht, wie man miteinander lebt, wie es einem miteinander ergeht. Wenn Sie mit Ihrem Kind schimpfen, übernehmen Sie nicht wirklich Verantwortung für Ihre Gemeinschaft, Sie schimpfen einfach mit dem Kind. Greifen Sie dagegen lenkend ein und geben dem Kind eine Orientierungshilfe, tun Sie etwas, das wirklich weiterhilft.

Das fängt schon mit dem Neugeborenen an. Wenn es einen Tag- und Nacht-Rhythmus lernen soll und es dabei ganz auf Sie angewiesen ist, können Sie ihm nicht sagen: «Du musst jetzt schlafen!» Sie können nicht Befehle erteilen, müssen ihm beim Schlafen helfen. Loszulassen und in den Schlaf zu sinken ist nicht einfach. Sie müssen dem Kind helfen, indem sie ihm ruhig eine Richtung vorgeben.

Das gilt eigentlich bei allem, was die Kindererziehung betrifft. Ihnen bleibt dafür viel Zeit – Erziehung ist nichts, das sich im Lauf eines Abends oder einer Woche abspielt.

Das Kind lernt aus Ihrem Vorbild – aus der Art und Weise, wie Sie sich bei Tisch benehmen, wie Sie mit anderen sprechen, wie Sie die Hände waschen, wie Sie Ihre Liebe zeigen.

Diesen Weg gemeinsam mit dem Kind zu gehen, ist Erziehung – und es ist ganz und gar keine antiautoritäre Erziehung. Beim Grenzen-Setzen geht es nicht um die Begrenzungen, die Sie um Ihr Kind herum errichten, sondern darum, gemeinsam eine

Landschaft zu erforschen – es ist ein Prozess, bei dem Sie das Kind anleiten, ihm Orientierung und Hilfestellung geben und sich verantwortlich fühlen.

DAS BEGINNENDE TROTZALTER

Irgendwann, meistens in einem Alter zwischen ein und drei Jahren, entdeckt Ihr Kind begeistert, dass es «Nein» sagen kann. Das empfindet es geradezu als einen Triumph. Eines Tages wird es wach und gibt zu Hause den Ton an. Was immer das Kind auch zu sich nehmen, anziehen, tun soll, alles wird mit einem lauten und klaren «Will ich nicht!» abgeschmettert. Endlich kann es über seinen eigenen kleinen Körper bestimmen und mit ganzer Kraft deutlich machen, wie ernst es ihm damit ist.

Beide – Eltern beziehungsweise der Rest der Familie und das Kind – werden mit der Zeit lernen, mit diesem wundervollen Gefühl von Freiheit zu leben, das einem das Wort «Nein» schenken kann. Aber dieser Übergang von einem Kind, das wir anziehen und füttern müssen, dem wir vorlesen und das wir zu Bett bringen, hin zu einem, das deutlich sagt, was es davon hält, ist nicht ohne.

Dieser Übergang ist aber nötig. Wir müssen uns daran gewöhnen, dass unsere Kinder sich von Babys zu starken Individuen entwickeln. Wie machtvoll diese Auseinandersetzung zwischen dem Kind und dem Erwachsenen ausfällt, hängt von beiden Beteiligten ab.

Viele Eltern reagieren auf das Nein des Kindes ebenfalls mit einem Nein, begegnen der Äußerung von Willenskraft mit Widerstand. Sie werden ebenso beharrlich wie die Kinder – die Schuhe *müssen* an, das Essen *muss* runter. Was zum Ergebnis hat, dass die Eltern selbst in eine Art Trotz verfallen. Das aber ist übertrieben.

Ihr Kind weiß sehr wohl, wer bei Ihnen das Sagen hat, und möchte sozusagen zur Herde gehören. In jeder Situation mit harten Bandagen zu kämpfen, wird Sie nicht weiterbringen. Sie werden damit nichts erreichen.

Stattdessen sollten Sie diesen neuen, sich ausbildenden Willen als etwas Positives sehen. Es ist das erste Anzeichen dafür, wer genau Ihr Kind einmal sein wird, Ihr Kind sagt damit: «Hier bin ich.» Ihnen kommt die Aufgabe zu, es dabei zu unterstützen. Will man das Trotzalter rasch hinter sich lassen, sollte man mit dem Kind sprechen, ihm vorlesen, mit ihm kuscheln und gemeinsam Zeit verbringen. Erweitern die Kinder ihre Sprachkompetenz und entwickeln sie eine größere Reife, werden sie andere, angenehmere Formen als nur ein «Nein!» und «Will nicht!» finden, um ihre Meinung auszudrücken.

Ich persönlich habe das Wort «Trotzalter» noch nie als wirklich treffend empfunden. In dieser Zeitspanne sollte für Sie nicht im Vordergrund stehen, dass Ihr Kind aufsässig reagiert, dass es aus purem Vergnügen Widerstand leistet. Freuen Sie sich lieber darüber, dass es begeistert äußert, was es wirklich meint und will, und auf einmal alles vermitteln kann, was es vorher nicht sagen konnte. Ein Kind, das lernt, selbst Grenzen zu setzen, ist ein Kind, das selbständig wird – und das ist ja auch ganz in Ihrem Sinn. Man

möchte ein Kind, das sich eines Tages von schlechten Freunden distanziert, das mit dem oder der Richtigen ins Bett geht, das Grenzen setzen kann, wenn es merkt, dass es in etwas Riskantes hineingerät. Das Ja- und Nein-Sagen zu üben ist wichtig. Und noch ist Ihr Kind ein Anfänger darin.

Sie sind dafür zuständig, dass Ihr Kind das in aller Ruhe üben kann.

Das heißt nicht, dass Ihre Kinder jedes Mal recht bekommen sollen – sie werden auf den seltsamsten Dingen beharren und sich irren, aber das ist nie gegen Sie persönlich gerichtet. Sie versuchen einfach nur nach besten Kräften, ihren Willen zu äußern.

DIE BEZIEHUNG BEWAHREN

Meine Praxis ist klein, aber hübsch. Die weiß gestrichenen Decken zieren Stuckrosetten, der Raum hat gewissermaßen eine Seele. Mir gefällt es hier, ich mag das Geräusch der am Osloer Schloss abbiegenden Straßenbahnen und wie sie die hundert Jahre alten Wohnhäuser zum Erzittern bringen. Manchmal geht mir durch den Kopf, wie viele Paare hier schon gesessen haben, jeder an einem Ende der Couch, und sich gefragt haben: «Was ist nur aus uns geworden?»

Wenn aus zwei Personen drei werden, läuft das meist nicht ohne Probleme ab. Eine Familie zu gründen ist nicht einfach nur schön. Die Kluft zwischen unseren Vorstellungen und der Realität kann hin und wieder sehr groß sein. Unser Fokus und unsere Prioritäten wandeln sich, das Leben verändert sich, und mitten in all dem sollen wir versuchen, etwas von der Beziehung zu bewahren, die wir früher hatten. Die meisten schaffen das, aber viele machen auch die Erfahrung, dass es doch schwieriger ist als erwartet.

Ich möchte Ihnen einen Weg aufzeigen, wie Sie Ihre Partnerschaft retten können, und auch darauf eingehen, wie selbst dann noch alles gut funktionieren kann, wenn die Beziehung in die Brüche geht und einem alles aussichtslos erscheint.

Am Boden zerstörte Eltern

Ich erinnere mich an eine starke junge Mutter, die in meiner Praxis in Tränen aufgelöst war: «Ich muss jetzt einfach durchhalten!» Ihr Kind hatte ihre Kräfte vollständig aufgezehrt. Viele hegen den Traum, zwischen Mutter und Kind sei alles perfekt, was sich dann schnell als Irrtum herausstellt. «Ich weiß, dass ich ein wunderbares Geschenk bekommen habe, aber mein altes Leben ist jetzt für immer verloren», klagte die junge Frau.

Die erste Zeit nach der Geburt, von der so gern erzählt wird und die einem in den sozialen Medien und in Blogs begegnet, wird als wunderschön, harmonisch und immer mit Weichzeichner dargestellt. Einigen geht es auch recht gut, aber die meisten machen die Erfahrung, dass alles ganz anders ist als erwartet. Das Kind braucht Sie pausenlos, die Schmerzen nach der Geburt sind oft überraschend heftig, die Gefühle fahren Achterbahn, an regelmäßigen Schlaf ist nicht zu denken, und auch der Körper hat sich ver-

> Sorgen Sie dafür, dass alle Familienmitglieder ausreichend Raum und Liebe bekommen, dass ein jeder Zeit und Gelegenheit hat, das zu tun, was ihm Freude bereitet – sowohl gemeinsam als auch jeder für sich.

ändert. Die Brüste spannen, der Bauch ist schlaff und der Unterleib erscheint einem ganz anders, obwohl der Gynäkologe meint, alles sei so, wie es sein soll. In dieser Lebensphase überfällt einen häufiger das Gefühl des Versagens als irgendwann sonst.

Es ist ein Irrglaube, dass ein schöner, durchtrainierter Körper gleich nach einer Geburt die Norm ist. Auch der Körper braucht Zeit, um wieder ins Gleichgewicht zu kommen und zu seiner alten Form zurückzufinden. Das ist völlig normal.

Ein Kind zu bekommen ist etwas Großartiges und Wunderbares, aber es ist auch ein kompletter Umbruch, anstrengend und schmerzhaft.

Das ist die Wahrheit.

Stehen Sie diese Zeit gemeinsam durch

Ein Kind zu bekommen, ist eine Belastungsprobe für die Partnerschaft. Sie sollten die Augenblicke im Alltag, in denen Sie miteinander lachen, mit beiden Händen festhalten, sollten daran arbeiten, sich trotz allem auch das Interesse am Leben des anderen zu bewahren. Fragen Sie, wie sein oder ihr Tag gewesen ist, ob er oder sie noch genügend Energie hat, und reichen Sie nicht einfach nur das Kind weiter, weil Sie völlig erschöpft sind.

Paaren, die diese Zeit erfolgreich bewältigen, ist einiges gemein: Sie teilen fröhliche Momente miteinander, sorgen für Entlastung mit dem Baby, sie haben ab und zu Sex und pflegen gemeinsame Erinnerungen und Rituale. Oft braucht es nichts weiter als die morgendliche Tasse Kaffee, ein Erlebnis, an das Sie sich gemeinsam erinnern, oder ein Lied, das Sie beide mögen. Diejenigen Paare, deren Beziehung hält, haben sich darauf verständigt, diese Zeit zusammen durchzustehen. Ja, es gibt da Verschiedenes, was uns belastet, aber wir wuppen es gemeinsam, es ist *unser* Projekt. Ich bin außerdem überzeugt, dass die Paare, die diese Jahre gut überstehen, sich nicht so stark auf kleine Fehler des anderen konzentrieren. Und solche Fehler werden Ihnen ständig unterlaufen. Das lässt sich nicht vermeiden, wenn Sie beide unter Schlafmangel leiden und der Stress wächst – auch, weil die Elternrolle ganz neu für Sie ist.

Seien Sie nachsichtig mit dem Partner, verzeihen Sie, versuchen Sie zu verstehen.

DAMIT SIE UND IHR PARTNER EINANDER VERSTEHEN KÖNNEN, MÜSSEN SIE EINANDER RICHTIG WAHRNEHMEN.

Wie stellen Sie sich Ihre Familie vor?

Wenn das Baby da ist, wird deutlich, dass jeder Elternteil unterschiedliche Erfahrungen aus seiner eigenen Kindheit mitbringt. In der ersten Verliebtheit überschätzt man leicht seine Gemeinsamkeiten, aber wenn das Kind da ist, lässt sich die Realität oft nicht mehr ignorieren. Sie beide sind auf unterschiedliche Weise getröstet worden, haben unterschiedliche Dinge gegessen, unterschiedliche Ferienreisen gemacht, unterschiedliche Regeln gelernt – die ganze Kindheit hindurch. Ein Baby eröffnet Ihnen daher die Möglichkeit, den Partner besser kennenzulernen, ihn neu zu entdecken. Nutzen Sie diese Gelegenheit, sprechen Sie miteinander über die Familie, die Sie gemeinsam gründen wollen. Was wünschen Sie sich, und wie wollen Sie es erreichen?

Um gute Eltern sein zu können, ist es durchaus nicht nötig, dass Sie in allem einer Meinung sind. Kinder profitieren davon, dass

> **WAS SIE MITEINANDER BESPRECHEN KÖNNEN, WENN SIE EINMAL ETWAS ZEIT FÜR SICH HABEN:**
>
> - *Welche Erinnerungen sollen meine Kinder später an ihre Kindheit haben? An was erinnere ich mich aus meiner eigenen Kindheit am besten?*
>
> - *Was ist das Schönste, das Eltern ihren Kindern mitgeben können? Erstellen Sie jeder eine Liste und tauschen Sie sich darüber aus! Was habe ich selbst als Kind von meinen Eltern bekommen?*
>
> - *Machen Sie sich die Stärken Ihres Partners bewusst, benennen und würdigen Sie sie: «Das Beste an meinem Partner als Mutter beziehungsweise Vater ist ...»*
>
> - *Erkennen Sie die Unterschiede zwischen sich und leben Sie damit!*
>   *«Was uns als Eltern am meisten voneinander unterscheidet, ist ...»*

ihre Eltern verschieden sind, dass sie unterschiedliche Herangehensweisen an das Leben haben. Wichtig ist allerdings, dass sich Ihre Partnerschaft auf Liebe und Respekt gründet. Und je besser Sie sich als Eltern kennen, desto leichter hat es die Liebe.

Einander mit Begeisterung und Liebe betrachten

«Verschwindet die Spontaneität denn völlig, wenn man ein Kind bekommt?», fragte einmal einer meiner Klienten. Die Antwort lautet: In gewissem Sinne schon, aber man kann neue Arten der Spontaneität erlernen. Wünschen Sie sich mehr Nähe, sollten Sie vielleicht die Gelegenheit ergreifen, diese herzustellen, wenn das Kind unerwartet schläft, selbst wenn Sie erschöpft sind. Außerdem rücken auch neue Dinge in den Fokus, die man sich gegenseitig schenken kann: Haben Sie ein einjähriges Kind, brauchen Sie keine schicke Uhr, aber einmal eine Nacht durchzuschlafen wäre traumhaft. Ein gut organisierter Alltag macht das Leben leichter.

Auch Paare, die eine stabile Beziehung mitbringen, können scheitern, wenn die Schwierigkeiten zu groß werden. Finanzielle Probleme, Krankheit, ein Todesfall in der Familie – Belastungen dieser Art, die dazu führen, dass Sie über längere Zeit nicht Ihr Bestes geben können, gefährden selbst die stabilsten Partnerschaften.

Auch auf die Gefahr hin, dass ich wie ein Moralapostel klinge: Meiden Sie Situationen, die Sie zu Untreue verleiten könnten. In den ersten Jahren mit einem kleinen Kind haben Sie vielleicht nicht so viel Sex, wie Sie es sich für Ihre Beziehung wünschen. Dann kommt es schnell einmal zu einem Seitensprung, doch der kann viel kaputt machen. Sie sind es ebenso sich selbst wie auch

Ihrem Partner schuldig, sich in dieser extrem anspruchsvollen Zeit zurückzuhalten.

Die größten Probleme haben nicht unbedingt immer diejenigen, die am häufigsten streiten. Ich bin Paaren begegnet, die einander laut beschimpften, aber trotzdem miteinander glücklich waren. Und ich bin Paaren begegnet, die nie streiten und einander stets still und vorsichtig anlächeln, dabei aber zutiefst unglücklich sind. Das Entscheidende ist also nicht der Streit an sich. Ein Problem entsteht dann, wenn Sie immer wieder in die gleichen Muster zurückfallen, wenn Sie dem anderen den Eindruck vermitteln, er oder sie sei wertlos und unbedeutend. Dergleichen hält die Beziehung nicht aus.

Hin und wieder braucht jedes Paar einmal Hilfe, um sich gegenseitig richtig wahrnehmen zu können. Wir alle brauchen das Gefühl, gesehen zu werden, und das ist im Kleinkinderchaos schwierig. Ist es erst einmal so weit gekommen, dass Sie Ihren Partner nicht mehr mit Begeisterung und Liebe betrachten können, sollten Sie den Mut aufbringen, bei einem unbeteiligten Dritten Unterstützung zu suchen.

Den anderen richtig wahrzunehmen, kann etwas sehr Bewegendes sein.

Paaren, die an einem Punkt angekommen sind, an dem die Beziehung auf dem Spiel steht, gebe ich meistens folgende Ratschläge:

5 TIPPS, UM DIE BEZIEHUNG IN DEN KLEINKINDJAHREN AUFRECHTZUERHALTEN

1. Schaffen Sie kleine Räume für Begegnungen. Eine Tasse Tee, nachdem man das Baby ins Bett gebracht hat, ein Telefonat in der ersten Ruhepause des Tages – suchen Sie sich irgendetwas, das Sie vom Babybett aufblicken und einander ansehen lässt. Versuchen Sie, wo immer es möglich ist, solche kleinen Räume der Begegnung entstehen zu lassen.

2. Lassen Sie einander los! Sie beide brauchen Zeit ohne an Sie gestellte Anforderungen, ohne Baby und ohne Partner. Schenken Sie sich gegenseitig diese kleinen Atempausen, ohne viel Aufhebens und ohne eine Gegenleistung vom anderen zu verlangen.

3. Seien Sie einander nah. Körperliche Nähe sagt das aus, was sich mit Worten nicht ausdrücken lässt. Berühren Sie einander auch weiterhin. Eine Umarmung, eine streichelnde Hand, ein Kuss – entdecken Sie diese Möglichkeiten, dem anderen zu zeigen, dass er oder sie etwas Besonderes für Sie ist. Dass Sie auch in diesem großen, Ihnen viel abverlangenden Projekt mehr füreinander sind als nur Freunde.

4. Sex als Klebstoff für die Beziehung. Für Eltern von Kleinkindern ist Sex oft Mangelware. Genießen Sie ihn, wann immer es geht! Und wenn das zu selten ist, lassen Sie die Phantasie die Glut am Leben erhalten. Geben Sie Ihre Phantasien nicht auf, auch wenn Sie in der Realität kaum Gelegenheit für Sex haben. Aber üben Sie keinen Druck aus! Falls Ihr Partner noch nicht wieder für Sex bereit ist, kann Druck der Beziehung schaden. Haben Sie Geduld miteinander, die Intimität kehrt zurück – wenn Sie es wollen.

5. Zeigen Sie Verständnis. Wenn Ihr Partner völlig uneinsichtig ist und Sie nicht versteht, sollten Sie versuchen, stattdessen ihn oder sie zu verstehen. Es zeugt von großer Stärke, den ersten Schritt hin zu einer Lösung und zu gegenseitigem Verständnis zu machen. Haben Sie den Mut, der oder die Erste zu sein, der auf den anderen zugeht!

Der einsame Liebende

In vielen Paarbeziehungen mit einem kleinen Baby verfallen die Partner in ein Verhaltensmuster, in dem der eine detailversessen und kontrollierend wird. Dieser Partner entscheidet, wie mit dem Kind umgegangen wird, was es anzieht, wann und was es zu essen bekommt – dieser Partner weiß alles am besten. Dadurch fühlt sich der andere oft dumm und minderwertig. Das aber führt meistens dazu, dass sich der andere Partner zurückzieht. «Es hat keinen Sinn, dass ich mich bemühe, es ist ja sowieso nie gut genug», denkt er, was wiederum dem ersten Partner den Eindruck vermittelt, mit der Arbeit allein gelassen zu werden. Das macht beide Partner einsam.

Bei den meisten Paaren ist die Frau der kontrollierende Part. Sie weiß am besten, was in die Wickeltasche gehört, also kümmert er sich nicht mehr darum. Sie weiß, wann das Kind gefüttert werden muss, er sieht das Baby gar nicht mehr richtig an, sondern wartet stattdessen ihr Genörgel ab. Sie weiß alles übers Baden, Windelwechseln und darüber, welcher Kinderwagen der beste ist. Er lässt sie machen. Dadurch sind beide einsam und voneinander enttäuscht. Sie von einem Mann, der sich nicht verantwortlich fühlt und sich nicht zu kümmern scheint, er von einer Frau, die ihn weder an sich noch an das Kind herankommen lässt.

Ich habe mit vielen Männern gesprochen, die sich während der ersten Jahre unsichtbar und ausgeschlossen gefühlt haben. Manche Frauen scheinen fast zu vergessen, dass sie auch einen Mann haben – jedenfalls sind sie davon überzeugt, alles am besten zu wissen, und haben den Eindruck, statt eines attraktiven selbständigen Mannes nun einen teilnahmslosen Trottel an ihrer Seite zu haben. Wenn ich ehrlich bin, glaube ich, dass es oft an der Frau liegt, wenn ein Mann so wird. In einer Paarbeziehung formt man seinen Partner mit.

EIN VERLÄNGERTES WOCHENENDE

Ich werde oft gefragt, ob man als Eltern eines einjährigen Kindes schon für ein verlängertes Wochenende ohne Kind verreisen kann. Meine Antwort lautet «Nein». Ich kann gut nachvollziehen, dass viele Paare sich Zeit für sich wünschen und eine kleine Verschnaufpause nach einer anstrengenden Phase, aber ein einjähriges Kind hat noch kein richtiges Zeitgefühl und kann mit Ihrer Abwesenheit schlecht umgehen. Es wird ein Wochenende ohne seine Eltern als dramatisch und unendlich lang erleben und verunsichert sein – aus gutem Grund. Statt Zeit für eine Reise zu verschwenden, sollten Sie lieber bei sich vor Ort eine Nacht im Hotel verbringen. Besorgen Sie sich einen verlässlichen Babysitter und gönnen Sie sich eine Pause vom Alltag, aber bleiben Sie in der Nähe und denken Sie daran, dass eine Nacht reicht. Ein Baby braucht ständig Ihre Anwesenheit. In den kommenden Monaten und Jahren können Sie dann behutsam die Zeit, in der Sie nicht bei Ihrem Kind sind, ausdehnen. Ein Zweijähriges sollte nicht mehr als zwei bis drei Nächte von seinen Eltern getrennt sein.

Eines Tages kommen Sie sicher in die gleiche Situation wie ich, dass die Kinder Sie bestürmen, wegzufahren, damit sie mit ihrem Babysitter zusammen sein können, der viel toller ist als Mama und Papa.

Diese Einsamkeit, in die wir uns gegenseitig treiben, ist ein altbekanntes Lied in meiner Praxis. Ich höre es, seit ich diese Arbeit mache – Einsamkeit dürfte die häufigste Ursache für Trennungen in der Kleinkindphase sein. In der Paartherapie versuche ich darum immer, ein Fenster der Zuversicht offenzuhalten, einen Zugang zu einem Raum zu ermöglichen, in dem sich beide Partner weiterhin begegnen können.

Ich möchte Ihnen raten, die Suche nach diesem Raum aufrechtzuerhalten, um nicht in die Einsamkeit abzugleiten. Es kann wunderbar sein, den geliebten Menschen in der Rolle der Mutter oder des Vaters zu erleben und ganz neue Seiten an dem Partner zu erkennen, in den Sie sich einst verliebt haben.

Einsamkeit führt nur zu Wut. Darunter muss dann immer der Partner leiden, mit dem Sie eigentlich den Rest Ihres Lebens verbringen wollten.

Sich trennen

Ich weiß natürlich, dass einige Beziehungen trotzdem nicht halten werden. Nicht alle sind füreinander bestimmt, was oft besonders deutlich wird, wenn man ein Kind miteinander bekommt. Dann ist es so, als würde man die Beziehung unter einem Vergrößerungsglas betrachten und erkennen, wer der Partner wirklich ist, welche gemeinsamen Werte man hat, wie man sein Umfeld sieht. Gründen Sie eine Familie, treten die Unterschiede zwischen Ihnen besonders deutlich zutage. Das, was Sie zu Anfang an dem anderen besonders angezogen hat, erscheint Ihnen nun vielleicht unerträglich. Was vor der Zeit mit Kindergeburtstagen und Schlafenszeiten nicht so wichtig war, wird für Sie plötzlich schicksalsträchtig.

Paare, die sich trennen, haben vorher viel Zeit und Kraft in die Partnerschaft investiert. Und das ist auch richtig so. Wenn Sie sich von jemandem trennen, mit dem Sie ein gemeinsames Kind haben, müssen Sie den Rest des Lebens miteinander auskommen – Sie sollten sich Ihrer Sache daher sicher sein. Gleichzeitig sollten Sie den Prozess nicht so lange hinauszögern, dass Sie verbittern und sich nicht mehr verzeihen können.

Ich arbeite manchmal mit Paaren, die schon viel früher hätten auseinandergehen sollen, aber immer noch am Traum von einer funktionierenden Familie festhalten. Unabhängig davon, wie schlecht es ihnen in der Beziehung ergeht, ist dieser Traum unterschwellig immer vorhanden. Jetzt aber haben sie sich festgefahren, und das ist verheerend.

Den allermeisten Paaren gelingt es jedoch, die Beziehung zu bewahren. Und die Mehrheit der Kinder wächst mit beiden Elternteilen auf. Es gibt also keinen Grund für Pessimismus, stattdessen sollte man lieber nach dem Positiven im Anderen suchen, sich auf die Gemeinsamkeiten konzentrieren, einander richtig wahrnehmen, helfen und verzeihen.

Und wissen: Es wird wieder besser. Kleine Kinder zu haben

kann unglaublich anstrengend sein, aber das geht vorbei. Das Kind wächst heran, und es kommen andere Zeiten.

Und wenn es gar nicht mehr geht?

Als ich mich von meinem ersten Mann scheiden ließ, schien mein Leben zu Ende zu sein. Später wurde mir klar, dass ich etwas vorschnell reagiert hatte, aber damals kämpfte ich mit meinem Dasein als frisch geschiedene Mutter eines kleinen Jungen. Ich war unglücklich. Ich erinnere mich, wie überrascht ich war, als plötzlich alle meine Kleidungsstücke zu groß waren, bevor mir klar wurde, dass ich stark abgenommen hatte. Aber ich habe diese Phase überwunden. Das Leben geht weiter.

Kleine Kinder akzeptieren ihre Familie so, wie sie ist. Dies ist nicht der schlechteste Zeitpunkt, um sich zu trennen. Aber Sie müssen eine Lösung finden, wie Sie beide Zeit mit dem Kind verbringen können, ohne dass es unter der Situation leidet. Einem kleinen Kind bietet eine Regelung, bei der Sie sich wochenweise abwechseln, zu wenig Sicherheit. Am besten suchen Sie nicht sofort nach einer endgültigen Form des Zusammenseins, sondern sorgen dafür, dass das Kind ein Zuhause hat, in dem es mit beiden Elternteilen Zeit verbringen kann. Während der ersten Jahre sind Kinder unflexibel, und man kann sie nicht hin- und herschieben. Stattdessen sollten Sie herausfinden, womit es dem Kind am besten geht.

Machen Sie sich klar, dass es ja nicht für immer so sein muss. Schmieden Sie einen zeitlich begrenzten Plan, tasten Sie sich vor, dann werden Sie merken, ob das Kind damit umgehen kann.

Dinge ändern sich, und Sie können neue Lösungen finden, die der Familie dienen – auch wenn sie anders aussehen als zunächst geplant.

KRANKHEIT

Ich wurde regelmäßig von einem Paar aufgesucht, das sich über die Gesundheit seiner Kinder stritt. Er ist ein ängstlicher Typ und möchte beim kleinsten Anzeichen von Fieber oder einer Erkrankung den Arzt konsultieren. Sie ist der Ansicht, dass Krankheiten nun mal zur Kindheit dazugehören und in den meisten Fällen von selbst vorbeigehen. Ihre Gelassenheit machte ihn nur noch nervöser, während seine Angst sie auf Distanz zu ihm gehen ließ. Sie wandten sich an mich, um zu erfahren, wer von ihnen recht hätte, haben mich aber mit einem besseren Verständnis füreinander wieder verlassen.

Wer von den beiden recht hat, ist leicht zu beantworten: In den meisten Fällen ist sie es. Kinder sind häufig krank, aber oft sind nur ein bisschen Zeit, Liebe und etwas zum Trinken erforderlich. Gleichzeitig hat er recht damit, dass die über alles geliebten Kinder etwas Unersetzliches sind, auf das sie gut achtgeben müssen. Ich habe versucht, ihnen zu vermitteln, dass beide Partner auf ihre Weise recht haben – und dass beide Perspektiven sinnvoll sind, um den Kindern zu helfen. Seine Sicht der Dinge hebt das Unersetzliche hervor, das ihnen geschenkt worden ist. Ihre Sicht bewahrt sie beide vor Hypochondrie. Kinder

brauchen Erwachsene, die ihnen signalisieren: «Das wird schon wieder.»

Irgendwann kommt jeder mit Viren und Bakterien in Kontakt, die für den Aufbau der Abwehrkräfte notwendig sind. Vor allem auch dann, wenn das Kind in den Kindergarten oder zu einer Tagesmutter geht. Die Infektionen treten auf und verschwinden wieder: Halsentzündungen, Ohrenentzündungen, Magen-Darm-Infekte, Erkältungen, all das. Als Faustregel kann gelten, dass Sie einen Arzt aufsuchen sollten, wenn Ihr weniger als sechs Monate altes Kind Fieber hat. Bei älteren Kindern wenden Sie sich an einen Arzt, wenn das Fieber über 40 Grad steigt, das Kind über längere Zeit Schmerzen hat oder nicht zur Ruhe kommt. Das Gleiche gilt, wenn Sie sich als Eltern zu sehr sorgen – vieles geht ohne Behandlung von selbst vorbei, aber es ist beruhigend, bestätigt zu bekommen, dass es sich nicht um etwas Bedrohliches handelt.

Egal was geschieht, Sie müssen als Familie da hindurch: Sie müssen die Nächte durchwachen, das Kind tragen, trösten, Schnupfen, Fieber und Erbrechen mit erleiden. Sie können es nur durchstehen, sich abwechseln, versuchen, es gemeinsam zu überstehen. Kranke Kinder sind anstrengend, doch auch das geht vorüber.

Als dieses Paar meine Praxis verließ, hatte sie erkannt, dass seine Besorgnis etwas Positives war, und er hatte begriffen, dass ihre Gelassenheit nicht als Gleichgültigkeit missverstanden werden durfte. Als ich ihnen einen Monat später erneut begegnete, sprachen sie ganz anders über die Krankheiten ihrer Kinder. Sie trafen sich in der Mitte,

statt einander zu Feinden zu erklären. Sie beschäftigte sich stärker mit den Krankheiten der Kinder, während er bedeutend gelassener war. Mutter und Vater hatten wieder mehr Vertrauen zueinander gefasst.

Wir Erwachsenen profitieren von der wiederholten Erinnerung, dass es nicht selten die Unterschiede zwischen uns sind, die uns zu guten Eltern machen – uns beide.

WENN ES ZU KRISEN KOMMT

Einem kleinen Kind körperlichen Schaden zuzufügen, geschieht viel leichter, als man denkt. Ich habe es selbst gesehen – wie zerbrechlich so ein kleiner Körper ist. Und ich habe gesehen, welche heftigen Gefühle Kinder in uns Erwachsenen auslösen können. Man ist irgendwann ratlos, ohnmächtig oder wütend. Die Zukunft hält unzählige Situationen für einen bereit, in denen man sich unbedeutend und als Versager fühlt. Vielleicht passiert das schon, wenn das Baby schreit, ohne dass es einem gelingt, es zu beruhigen, oder wenn das ein Jahr alte Kind nicht zu Bett gehen will?

Die weniger schönen Dinge in einer Familie tragen sich immer dann zu, wenn Erwachsene sich bedeutungslos vorkommen.

Dann können bedrohliche Umstände entstehen. Als Eltern soll-

> Sie sollten immer so wenig Macht wie möglich ausüben. Kinder unter vier Jahren sind Gewalt und körperlichen Züchtigungen stärker ausgesetzt als Kinder anderer Altersgruppen. Besonders Jungs werden als ebenbürtiger gesehen, als sie es eigentlich sind. Und sie können sich in diesem Alter noch nicht wehren oder einem eine Rückmeldung geben, wann es reicht.

ten Sie aber eines wissen: Machtlos sind Sie nie. Und auch nicht unbedeutend, selbst wenn man sich so fühlen mag.

Wenn es im Alltag zu Krisen kommt, sollten Sie alles dafür tun, um diese ohne Machtausübung, ohne Schläge und ohne Einschüchterung Ihres Kindes zu meistern. Gelingt Ihnen das, ist schon viel gewonnen. In diesen ersten Lebensjahren des Kindes können Sie Strukturen schaffen, die Ihnen in der gesamten Zeit des Heranwachsens wertvolle Dienste leisten.

So kann man den schlimmsten Tagen etwas Positives entgegensetzen.

Wie unsanft darf man sein?

Es ist einfach, zu sagen, dass man Kinder nicht schlagen soll. In meinem Land ist es sogar gesetzlich verboten; zu körperlichen Bestrafungen zu greifen, empfiehlt sich nie. Im Alltag befinden wir uns trotzdem oft in einer Grauzone. Wie viel Macht darf man ausüben, wenn eines Morgens die Zeit knapp ist, man rechtzeitig zur Arbeit muss und das Kind sich weigert, seinen Schneeoverall anzuziehen? Wie unsanft darf man sein, wenn man das Kind in den Kindersitz drückt, um es anschnallen zu können? Einer meiner Söhne war so etwas wie ein Entfesselungskünstler – wie stramm ich die Gurte seines Kindersitzes auch anzog, er konnte sich immer mit einem zufriedenen Grinsen daraus befreien. Es hatte etwas von einem privaten Varietéstück und war manchmal schrecklich frustrierend. Vermutlich werden auch Sie – wie die meisten anderen Eltern – von Wut übermannt werden. Werden gereizt auf ein Baby reagieren, dass einfach nicht mit dem Weinen aufhört.

Wie fest dürfen Sie das Kind drücken, wenn Sie es auf dem Arm halten? Wie grob dürfen Sie mit dem Kind umgehen, damit es tut, was Sie möchten?

Kleinkinder machen die größten Gewalterfahrungen; es fehlt ihnen noch die Möglichkeit, sich sprachlich auszudrücken und ihre Gefühle zu kontrollieren, und sie vertragen nicht viel. Ihre Knochen sind noch weich, ihre Muskeln schwach, die Übermacht der Erwachsenen ist riesig. Da ist es leicht, das Baby ernsthaft zu verletzen.

Ich habe viele Eltern kennengelernt, die es übertrieben haben. Und wenn man sie davon erzählen hört und merkt, wie sie nach Worten suchen, erkennt man rasch, dass sie keine Ungeheuer sind. Es sind ganz gewöhnliche Menschen, die nur schwer mit einer höchst ungewöhnlichen Situation zurechtkommen – wenn der Druck und die Verzweiflung zu groß werden, versagen sie, oder es ist ihnen noch nicht gelungen, den richtigen Zugang zu ihrem Kind zu finden.

Sich über sein Kind zu freuen, reicht nicht, Sie sollten sich auch über seine Entwicklung informieren, darüber, wozu es in welchem Alter in der Lage ist und wozu noch nicht. Die Allerkleinsten meinen es nie böse. Zuwendung und Geborgenheit ist alles, was sie brauchen.

Innehalten und nachdenken!

Spüren Sie, dass Sie ein gefährliches Terrain beschreiten, dann müssen Sie nur eines tun: innehalten! Und dann darüber nachdenken: «Was tue ich jetzt?» Wenn Ihnen das gelingt, können Sie den Prozess noch aufhalten.

Wenn Ihnen Ihr kleines Kind auf die Nerven geht, legen Sie es an einem sicheren Ort hin, an dem es sich nicht verletzen kann. Verschaffen Sie sich eine Pause. Bitten Sie eine Person Ihres

Eltern sollten es vermeiden, das Kind zu bestrafen oder es in eine Auszeit zu schicken. Haben Sie diesen Schritt erst einmal gemacht, werden Sie später leichter auch stärkere Machtausübung vor sich rechtfertigen.

Vertrauens um Hilfe. Alles ist besser, als im Umgang mit einem kleinen Kind zu grob zu reagieren.

Unsere eigene Kindheit und bestimmte Erwartungen, was es heißt, ein Kind zu erziehen, haben uns alle geprägt. Es gibt Menschen, die meinen, es gehöre zur guten Erziehung, einem Kind einen Klaps zu geben, wenn es etwas «Dummes» tut. Aber das tut es keinesfalls – es ist lediglich schmerzhaft. So bringen Sie Ihrem Kind nur eines bei – dass es wehtut, seine Mutter oder seinen Vater in der Nähe zu haben.

Diese kleinen Bestrafungen, zu denen Eltern ihren Kindern gegenüber greifen, sind ein Garant für spätere Schuldgefühle der Kinder. So lernen sie nur, dass sie «nicht genügen» – und ich kann Ihnen garantieren, dass Sie so gar nichts erreichen. Stattdessen zerstören Sie die zwischen Ihnen existierende Bindung, nehmen Ihrem Kind die Geborgenheit, unterdrücken seine Bestrebungen, selbständig zu werden, und rauben ihm das Selbstvertrauen, das es in seinem weiteren Leben dringend braucht.

Und, wie schon gesagt – all dies spielt sich in einer Grauzone ab, in den kleinen und großen Begebenheiten des Alltags. Wenn Sie das nächste Mal mit dem Auto in den Urlaub fahren und Sie sich damit abmühen, Ihr neun Monate altes Kind im Kindersitz dazu zu bewegen, sich zu entspannen, müssen Sie alles Erdenkliche dafür tun, damit ihm das auch gelingt: es ablenken, es überlisten, mit ihm kuscheln, das iPad einsetzen, ihm Kakao geben, ihm etwas vorsingen und so oft Pausen machen wie nötig, damit sie irgendwann ankommen – so ist das Leben manchmal. Sie dürfen einem Kind niemals einen Klaps geben, es weder schütteln noch einschüchtern oder ihm demonstrieren, wie überlegen Sie ihm sind. Dass alles andere besser ist als ein solches Verhalten, liegt klar auf der Hand.

Frühzeitig Strukturen schaffen

Wie Sie heute mit Ihrem Kind umgehen, entscheidet über Ihre spätere Beziehung. Deshalb können Eltern nur dann gewinnen, wenn sie sich frühzeitig daran gewöhnen, ihrem Kind auf eine vernünftige Weise zu begegnen, selbst wenn im Alltag die Nerven blank liegen. Das heißt aber auch, dass Sie die Perspektive des Kindes einnehmen sollten: «Was ist eigentlich gerade los? Ach ja, wir kommen direkt vom Kindergarten, er ist total erschöpft, und ich schleppe ihn noch mit zum Einkaufen. Das musste wohl schiefgehen. Wir sollten lieber schnell nach Hause fahren.» Solche Gedankengänge sind vorteilhafter, als im Supermarkt einen Konflikt mit dem Kind heraufzubeschwören und zu denken: «So ein Kind will ich nicht. Ich werde dieses Benehmen nicht dulden.»

Wenn Sie heute lernen, Krisen zu entschärfen, schaffen Sie Strukturen, die Ihnen helfen, in Zukunft noch schwerwiegendere Situationen zu meistern.

Es ist beinahe so etwas wie ein Bewusstseinstraining: Wann immer Sie das Gefühl haben, dass alles außer Kontrolle gerät, sollten Sie sich auf Augenhöhe des Kindes begeben und die Sache aus seinem Blickwinkel betrachten. Befinden Sie sich in einem Café und Ihre Tochter von anderthalb Jahren wird rastlos und zeigt ein «schlechtes» Benehmen, sollten Sie denken: «Okay, das war jetzt zu viel für dich, du möchtest nach Hause und schlafen – dann tun wir das jetzt.»

Machen Sie sich dieses Denkmuster zu eigen, wird sich das in den kommenden Jahren auszahlen.

Heikle Situationen vermeiden

Kinder wollen gemocht werden, sie versuchen sich immer anzupassen. Gleichzeitig sind sie erschöpft, müde oder hungrig oder irgendetwas quält sie. Sie werden Ihr Kind irgendwann so gut kennen, dass Sie schon die ersten Anzeichen dafür wahrnehmen. In der Kindererziehung geht es viel um die Vermeidung von heiklen Situationen.

Viele Eltern haben das Gefühl, dass sich ihr Kind – anders als zu Hause – im Kindergarten gut benimmt. Der Grund dafür liegt meist darin, dass die Erzieher den Tag der Kinder besser durch geeignete Aktivitäten und nötige Ruhephasen, die auf das Kind zugeschnitten sind, strukturieren. Sie richten den Tag ganz nach den Bedürfnissen der Kinder aus.

Auch Sie sollten lernen, was für Ihr Kind das Richtige ist. Während es manchen Kindern leichtfällt, von einer Beschäftigung zu einer anderen zu wechseln, tun sich andere schwer damit. Probleme entstehen dann oft bei solchen Aktivitätswechseln.

Deshalb muss man dafür sorgen, heikle Situationen zu erkennen – und die Konsequenzen daraus zu ziehen. Sie müssen sich an Ihrem Kind und seinen Belangen orientieren, und meistens sind es die langweiligen Dinge, die gut funktionieren: Routinen, Vorhersehbarkeit, Ruhe, regelmäßige Mahlzeiten, Geduld und ausreichend Schlaf.

Letzteres gilt auch für Sie als Eltern.

> Glaubt man, das Kind stelle einen auf die Probe oder versuche einen zu ärgern, neigt man leicht dazu, es für sein Verhalten zur Verantwortung zu ziehen. Man meint dann, das zerbrochene Glas verdiene eine Strafe oder das Geschrei vor dem Schlafengehen müsse unterbunden werden. Das bringt aber nichts. Das Kind braucht nichts anderes als Ihre Präsenz und dass Sie die Probleme, die auftreten, nach bestem Vermögen gemeinsam zu lösen versuchen.

Hilfe, mein Einjähriger beißt!

Als mein jüngster Sohn das erste Mal seinen drei Jahre älteren Bruder biss, war er gut ein Jahr alt. Der kleine Mann war es gewöhnt, dass sein großer Bruder ihm überlegen war und ihm nichts anderes übrig blieb, als das zu akzeptieren. Bis dieser ihm eines Tages ein begehrtes Spiel wegnahm – als er als Antwort darauf seinen großen Bruder in den Arm biss, waren wir alle drei erstaunt.

Auf einmal wusste der kleine Junge seinen Forderungen Nachdruck zu verleihen; er konnte zubeißen.

Viele haben schon die Frage an mich gerichtet, wie man reagieren soll, wenn ein Kind von 18 Monaten beißt und schlägt. Tatsächlich aber ist das in dieser Altersgruppe so gewöhnlich, dass wir es nicht als anormal bewerten. Kleinkinder kommunizieren nach

MAN REAGIERT LEICHT GEREIZT. SEINE FRUSTRATION AUF EIN KIND ZU RICHTEN, EMPFIEHLT SICH JEDOCH NIE. GELANGEN SIE ZU DER ERKENNTNIS, DASS SIE SICH EINEM KRITISCHEN PUNKT NÄHERN UND SIE IHREM KIND DAMIT NICHT DIENLICH SIND, IST SCHON VIELES GEWONNEN.

bestem Vermögen miteinander und setzen dafür alle Mittel ein, die ihnen zur Verfügung stehen. Alle Zweijährigen, die beißen und schlagen, werden irgendwann damit aufhören. Als Mutter oder Vater bleibt einem nur zu sagen: «Aua, das tut deinem großen Bruder weh. Hör auf damit!» Dann sollten Sie das Kind aus der Konfliktsituation herauslösen und seine Aufmerksamkeit auf etwas anderes richten. Erklärungen, wütende Reaktionen und Strafen nützen da nichts. Sie können die Situation nur so handhaben, dass zwischen den Beteiligten kein bedrohlicher Konflikt aufflammt.

Was am besten gegen dieses Verhalten hilft, ist der Spracherwerb. Spricht das Kind besser, wird sein Bedürfnis, seine Meinung durch Beißen zu äußern, abnehmen. Lesen Sie Ihrem Kind also vor, reden Sie beim Spielen mit Ihrem Kind – die Sprache ist ein wunderbares Instrument, das Kinder mehr Ruhe gewinnen lässt.

Wann soll er es denn lernen?

Nach einem meiner Vorträge im vergangenen Herbst passte mich ein Mann am Ausgang ab. «Mir haben Ihre Ausführungen gefallen, aber meinen Sie nicht auch, dass es irgendwo eine Grenze geben muss? Wann soll er es denn lernen?» Ich hatte darüber gesprochen, was man von Kleinkindern erwarten kann. Der Mann fragte mich freundlich, ob es nicht an der Zeit wäre, dass sein anderthalb Jahre alter Sohn aufhöre, ein riesiges Theater zu machen, wenn es ans Zähneputzen ging. Wann sollen die Kinder das lernen? «Er wird es lernen, nur noch nicht jetzt», erwiderte ich und merkte, dass meine Antwort den Mann enttäuschte. «Sehen Sie die Sache als ein größeres Vorhaben an», schlug ich ihm vor. «Die Art und Weise, wie Sie die Situation jetzt handhaben, entscheidet darüber, wie Sie Dinge später gemeinsam meistern werden. Ihr Sohn wird Nutzen aus Ihrem positiven Vorbild ziehen, aus Ihrer Gelassenheit, Ihrer Geduld und Ihrem Humor. Vielleicht fällt Ihnen ja etwas ein, mit dem Sie ihn in solchen Momenten liebevoll überlisten können. Er wird das Zähneputzen letztendlich lernen. Ganz bestimmt.»

Gehen Sie als Eltern mit Härte gegen etwas vor, das Sie ärgert, wird das Kind daraus lernen, mit Härte gegen seine kleinen Geschwister oder andere Kindergartenkinder vorzugehen. Dann aber bilden Sie eine Familie, in der es toleriert wird, mit Härte gegen alles vorzugehen. Wenn Sie dagegen kritische Momente mit dem Kind bewältigen, indem Sie ihm zeigen, dass Sie als Erwachsener mit solchen Situationen umgehen können und auch dann zurechtkommen, wenn das Leben größere Anforderungen an Sie stellt, dann wird es das selbst ebenfalls lernen. Das kann das Öffnen eines Joghurtbechers sein, der Fleck auf dem T-Shirt oder ein fallen gelassenes Wasserglas, aber auch der Streit unter Geschwistern.

Bewältigen Sie gemeinsam mit dem Kind eine kritische Situation, signalisieren Sie ihm zwei Dinge:

1. Wie man Probleme löst

Was mache ich, wenn ich mit Schwierigkeiten konfrontiert werde? Verliere ich den Kopf, oder lasse ich mich nicht davon beirren? Kann ich auch leichten Gegenwind hinnehmen? Das gilt auch für das Leben als Erwachsener: Wenn man bei der Arbeit auf Probleme stößt, ist es besser, sich zu sagen: «Das war nicht ohne, aber ich arbeite daran», anstatt im Büro schreiend mit Gegenständen um sich zu werfen.

Ihr Kind wird daraus lernen, wie Sie mit Schwierigkeiten umgehen.

2. Das Gefühl, etwas wert zu sein

Das Kind wird eine Vorstellung davon entwickeln, wer es ist und wie es behandelt werden möchte. Und jetzt folgt das, was vielen Eltern Probleme bereitet: Wenn Sie ein Kind, das sich schlecht benimmt, schlecht behandeln, bleibt ihm nur das – die Erfahrung, nicht gut, nichts wert zu sein. Und dann wird es erst recht nicht danach streben, sich zu bessern.

Manch einer wird es mit zu viel Nachdruck versuchen und in der Schule unter Bauchschmerzen leiden, weil er gegen das Gefühl der Wertlosigkeit ankämpft. Andere wiederum werden einfach aufgeben, werden ein schlechtes Verhalten an den Tag legen – und es damit garantiert nicht einfach haben.

Sie geben den Ton vor, der Ihr Kind ins Erwachsenenleben begleiten wird. Manche Kinder werden vielleicht denken: «Es wäre am besten, es gäbe mich gar nicht, dann würden sich die Probleme von selbst lösen» oder: «Das wird niemals gutgehen!» Das aber ist ein schmerzhafter Refrain, der sich im Inneren abspult, dabei jedoch durchaus geläufig ist.

Wenn es im Alltag zu kritischen Situationen kommt, können Sie sagen: «Musst du immer so schwierig sein? Sind schon wieder die Schuhe das Problem? Du tust jetzt, was ich sage!», oder aber Sie holen tief Luft und sagen es so: «Wir haben gerade keine Zeit. Ich kann verstehen, dass du gerne diese Schuhe haben möchtest. Wir müssen versuchen, eine Lösung für das Problem zu finden.»

EINIGE TIPPS FÜR KRITISCHE SITUATIONEN

1. **Suchen Sie Kontakt zu Ihrem Kind!** Finden Sie heraus, was Sache ist. Gehen Sie gemeinsam mit Ihrem Kind die Probleme an, arbeiten Sie nicht gegen es an, wenn es Schwierigkeiten gibt.

2. **Akzeptanz.** Jedes Gefühl hat eine Ursache. Was immer das Kind auch mit seinem Verhalten sagen will, es gibt einen Grund dafür. Vielleicht können Sie ihn nicht immer nachvollziehen, aber manchmal ist es besser, etwas einfach zu akzeptieren, selbst wenn man es nicht versteht.

3. **Weiterhelfen.** Spenden Sie Trost und schenken Sie Ihrem Kind Motivation, die Situation anzugehen, beseitigen Sie die Probleme – tun Sie das, was getan werden muss. Bei Kleinkindern hilft es, wenn Sie diese aus der Situation herausnehmen und ihre Aufmerksamkeit auf etwas anderes Interessantes lenken.

Vermeiden Sie es, Konflikte mit Ihrem Kind als Wettkampf zu betrachten, der gewonnen werden muss. Rufen Sie sich in Erinnerung, dass Sie damit umgehen und die Konflikte entschärfen müssen. Gehen Sie mit Härte gegen Ihr Kind vor, verschlimmern Sie die Angelegenheit nur. Dann gibt es bloß zwei Alternativen: Das Kind gewinnt, und Sie erreichen rein gar nichts – oder der Erwachsene gewinnt auf Kosten des Kindes; etwas, das das Kind langfristig zu viele Rückschläge erfahren lässt.

Sie geben bei allen kleinen Konflikten des Alltags eine Grundstimmung vor. Und von solchen Konflikten wird es zahlreiche geben. Denken Sie darüber nach, wer Sie sein wollen – und bemühen Sie sich redlich.

DAS KIND (EIN WENIG) LOSLASSEN

Wir Menschen sind nicht fürs Alleinsein gemacht. Wir werden immer die Gesellschaft des anderen suchen, immer dann am glücklichsten sein, wenn wir menschliche Nähe in unserem Leben haben, wenn wir umarmt werden und andere umarmen können. Das aber macht uns auch verwundbar – Erwachsene und Kinder gleichermaßen. Wir sind verwundbar, weil die uns am nächsten Stehenden nicht genügend auf unsere Gefühle achtgeben. Haben Sie eine unglückliche Liebesbeziehung hinter sich, wissen Sie, dass einem das physische Schmerzen verursachen kann, die den ganzen Körper durchdringen.

Ein Baby wiederum kann nicht wachsen und sich richtig entwickeln, wenn es auf Hautkontakt und emotionale Nähe verzichten muss. Deshalb sucht es auch Ihre Wärme, Ihren beruhigenden Atem, Ihren Geruch. Und deshalb tut es auch so gut, an Ihrer Brust zu liegen und Ihren Herzschlag zu hören.

Das Kind gelangt von innen heraus zu Sicherheit und Geborgenheit. Zuerst sucht es die Geborgenheit bei einer Person, dann bei zweien, dreien und so weiter. Hat es bei seinen Nächsten erlebt, was Geborgenheit ist, wird es bei weiteren Menschen danach suchen. Und alle Kinder profitieren davon, Sicherheit und Geborgenheit auch von anderen zu erfahren. Dadurch lernen sie den Umgang mit unterschiedlichen Menschen und Gegebenheiten im Leben, und es vermittelt ihnen, dass die Welt – auch außerhalb des vertrauten Zuhauses – ein lebenswerter Ort ist.

Im Verlauf der ersten 24 Monate bedeutet der Beginn der Fremdbetreuung gewöhnlich einen großen Einschnitt – für die Kinder wie für die Erwachsenen. Es kann ein Kraftakt für Sie werden, Ihr Kind in die Obhut eines anderen zu geben, besonders, wenn Sie sich davor so nahe waren. Andererseits sind für Ihre Kinder schöne Perspektiven damit verbunden.

Ich möchte Ihnen erläutern, worauf Sie bei der Wahl einer Betreuungseinrichtung achten sollten und wie Sie Ihr Kind bestmöglich an dieses neue Dasein gewöhnen. Denn Sie alle müssen irgendwann gemeinsam in die Welt hinaus.

Das Fremdeln

In den ersten Lebensmonaten protestiert das Kind nicht sonderlich, wenn andere auf es aufpassen oder es auf den Arm nehmen. Es kommt mit jedem zurecht, sofern diese Person menschliche Nähe verspricht. Im Alter von 7 bis 8 Monaten aber ändert sich das: Die Kinder fangen zu weinen, ja, sogar zu schreien an, wenn sie jemand anders hält als die ihnen vertrautesten Personen. Wer bisher meinte, ein ausgeglichenes kleines Kind zu haben, stellt plötzlich fest, dass es dem Sprössling nicht gefällt, wenn ihm einer ihrer Freunde oder Kollegen zu nahe kommt. Großeltern reagieren bestürzt, und die Eltern fühlen sich wie Versager, wenn ihr Kind auf einmal wie ausgewechselt erscheint. Mir sind viele Eltern begegnet, die sich deswegen ein wenig schämen – tatsächlich aber ist es so, dass das Fremdeln der gesunden Entwicklung des Kindes dient.

Das Fremdeln ist ein Hinweis darauf, dass das Kind dazugelernt hat – es kann jetzt unterscheiden, und da ist das Vertraute immer das Beste. Ihre Aufgabe als Eltern besteht nun darin, das Kind in seiner Geborgenheit zu bestärken. Schämen wir uns für etwas, das für das Kind ganz natürlich ist, besteht die Gefahr, dass wir uns zurückziehen und nicht mehr so offen für die Bedürfnisse des Kindes sind.

Die Kunst liegt nun darin, das Kind nicht unter Druck zu setzen, sondern sich mit ihm im Umfeld anderer Erwachsener zu bewegen, bei denen es sich relativ sicher fühlt. Lassen Sie diese mit dem Kind spielen, mit ihm kuscheln und Späße machen – während Sie in der Nähe sind. So legt sich beim Kind nach einigen Wochen die größte Skepsis.

Mein Erstgeborener machte diese Phase gerade durch, als ich mein Examen ablegen musste. Wir hatten eine Tagesmutter, die wirklich alles Erdenkliche versuchte, um ein Vertrauensverhältnis zu meinem Sohn aufzubauen, am Ende jedoch kapitulieren musste. Ich weiß heute noch, wie verzweifelt sie war, als sie sagte: «Es tut mir leid, aber ich weiß wirklich nicht, warum es so gelaufen ist.»

In Wahrheit aber traf sie keinerlei Schuld, sie hatte eben nur mit einem Baby zu tun, das gerade fremdelte – und ich war gezwungen, mein Kind zu meiner Schwester außerhalb Oslos zu bringen, die mir immerhin so ähnlich war, dass das Baby sie als Mutterersatz akzeptierte.

Zu schnell loslassen

Geborgenheit erlernt man Stück für Stück, sie entwickelt sich erst mit der Zeit. Man kann ein Kind jemand anderem nicht wie ein Paket übergeben. Erst muss es den neuen Menschen kennenlernen, der es auf den Arm nehmen soll, und es muss merken, dass seine Mutter oder sein Vater dem anderen Erwachsenen vertraut und ihn gutheißt. Das ist ein heikler Balanceakt – und Sie sollten

> Ein Neugeborenes zieht vom ersten Augenblick an die Stimme und den Geruch seiner Mutter allem anderen vor. Wird das Kind neuen Betreuern übergeben, dauert es ein wenig, bevor es zwischen den vertrauten und fremden Stimmen zu unterscheiden lernt. Doch schließlich entwickelt sich Vertrauen – durch Nähe und Hautkontakt.

das weinende Kind nie einfach jemand anderem in den Arm drücken und dann gehen. Wie soll es dann Vertrauen zu Ihnen fassen? Zugleich ist das Kind darauf angewiesen, dass sich auch andere Erwachsene um es kümmern, Sorge für es tragen und ihm Gesellschaft leisten. Das vermittelt ihm das Gefühl, am richtigen Platz zu sein.

Ich hatte einmal mit einem kleinen Mädchen zu tun, das sich dermaßen unwohl im Kindergarten fühlte, dass es sich weigerte, dort hinzugehen. Als die Eltern ihre Tochter schließlich doch dazu bewegten, verhielt sie sich ruhig und begegnete den anderen offen. Als ich mich aber mit ihr unterhielt, sagte sie mir, dass sie ständig Angst verspürte. Ihre Eltern erzählten mir, dass sie von Anfang an dafür gesorgt hatten, dass auch andere ihr Kind auf dem Arm hielten – darauf legten sie Wert, damit ihre Tochter alle kennenlernte und bei allen ein Gefühl der Geborgenheit entwickelte. Selbst als sie acht Monate alt geworden war und zu protestieren begann, hielten sie daran fest. Sie sollte bei jedem sein können, und sie sahen auch kein Problem darin, ständig neue Babysitter einzuführen. In ihren Augen war das ein gutes Training; sie schätzten selbst ihren großen Freundeskreis und schlossen gerne neue Bekanntschaften. Ihre Tochter aber weinte sich oft in den Schlaf, während die Eltern meinten, so weitermachen zu müssen – sie sollte sich doch schließlich an andere Menschen gewöhnen.

Das aber führte zu einem kleinen Mädchen, das – von außen betrachtet – mit allen zurechtkam. Doch aus ihrer Perspektive betrachtet, in ihrem tiefsten Innern, hatte sie vor fremden Menschen Angst. Sie waren für sie nicht vertraut, man benahm sich einfach nur gut ihnen gegenüber.

Geborgenheit braucht Zeit. Sie sollten es sukzessive angehen, Ihr Kind mit anderen Menschen von den Großeltern bis hin zu Nichten, Nachbarn und Freunden bekannt machen und den Kreis dann Schritt für Schritt ausweiten. Dabei sollten Sie Ihr Kind weder auf andere zuschieben noch klammern.

Das Klammern

Eine junge Mutter erzählte mir einmal, sie fühle sich zu Hause schrecklich eingesperrt. Wenn andere Personen ihre neun Monate alte Tochter auf den Schoß nehmen wollten, weinte diese. Deshalb hatte die Mutter das Gefühl, sie immerzu selbst halten zu müssen. Das aber führte dazu, dass sie noch nicht einmal einkaufen oder allein auf die Toilette gehen konnte. Auch ihre Freunde konnte sie nur im Beisein des Kindes treffen, das scheinbar ständig Forderungen an sie stellte. Als sie mich aufsuchte, war sie wegen dieses «anstrengenden Kindes» erschöpft und deprimiert.

Wir besprachen das eingehender und ich versuchte ihr Wege aufzuzeigen, wie sie ihre Tochter mit anderen Menschen vertraut machen konnte: indem die Tochter auf ihrem Schoß saß und sie dabei mit anderen reden sah, indem sie mit anderen spielte und dann für einen kurzen Moment bei ihnen auf dem Schoß saß, bevor die Mutter das Kind wieder zu sich nahm. Allmählich lernten sowohl die Mutter als auch das Baby, wie sich der Kreis der vertrauten Personen erweitern ließ – ohne dabei die gewohnte Geborgenheit einzubüßen. Die Tochter bekam so zwei Dinge: eine positiver gestimmte Mutter – was sie ganz sicher nötig hatte – und die Erfahrung: «Es geht mir gut in der Gemeinschaft mit anderen». Hätte sich die Mutter weiterhin so an sie geklammert, wäre sie irgendwann völlig erschöpft und die Tochter ängstlich geworden.

Manche Kinder lassen die Hand ihrer Mutter los und flitzen in einen Raum voller fremder Personen, während andere sich an ihren Hals klammern. Wie auch immer, es tut uns allen gut, Teil einer Gemeinschaft zu sein, das gehört zum Leben dazu. Sie sollten

Teil einer neuen, größeren Gemeinschaft zu werden, bedeutet für das Kind einen Zuwachs an Liebe und Austausch.

Ihr Kind so gut kennen, dass Sie ihm dabei helfen können, auf andere zuzugehen. Und Sie sollten wissen, dass man niemandem, der Angst hat, eine Gemeinschaft aufzwingen kann. Sie bringen einem Kind ja auch nicht das Schwimmen bei, indem Sie es ins Meer werfen. Sie müssen ihm Hilfestellung geben, es mit dem Wasser vertraut machen, ihm beibringen, wie man sich über Wasser hält, ihm zeigen, dass es ihm gelingen wird, dass alles gutgehen wird. Manche Kinder sind richtige Wasserratten, andere wiederum brauchen Zeit, um mit dem neuen Element vertraut zu werden. Und auf eben diese Weise finden sie individuell auch ihren Platz in der Gemeinschaft.

Alleinerziehende Mütter und Väter

Gehören Sie zu denen, die Ihr Kind allein großziehen, ist das vorab Gesagte noch viel entscheidender für Sie. Dass es nur Sie beide gibt, kann auf vielerlei Art etwas Schönes sein, und es bewirkt auch eine ganz besondere Nähe zwischen Ihnen – die Nähe kann aber auch zu groß werden. Allen Menschen tut hin und wieder ein Perspektivenwechsel gut. Sind Sie alleinerziehend, sind Sie darauf angewiesen, ein gastfreundliches Zuhause zu haben. Ihr Kind muss auch andere Sichtweisen kennenlernen, andere Vorgehensweisen, andere Geschichten. Lassen Sie also häufig Freunde und Familie zu Gast bei Ihnen sein.

Auch als Erwachsener braucht man Gleichgesinnte in seinem Umfeld. Befindet man sich nur noch in der Gesellschaft eines kleinen Kindes, dreht man irgendwann durch. Eines Tages kommt es so weit, dass Sie Fischstäbchen auch für Ihre Leibspeise halten – das habe ich selbst erlebt. Wir Eltern sind da genauso wie Kinder – auch wir brauchen den unmittelbaren Kontakt zu anderen Menschen, von Angesicht zu Angesicht. Facebook bietet da keinen Ersatz. Nichts kann den direkten menschlichen Kontakt ersetzen.

Der Kita-Beginn

In unserer Nachbarschaft liegt eine Kindertagesstätte. Jeden Herbst, wenn nach den Ferien wieder der Kindergarten beginnt, sehe ich besorgte Eltern, die gerade ein Kind dort hingebracht haben oder die ungeduldig in der Umgebung herumstreichen, um zu sehen, ob ihre Kinder sich gut wieder eingewöhnen. Ich kann mich selbst noch gut an das schreckliche Gefühl erinnern, musste ich beim Abschied ein weinendes Kind zurücklassen.

Es kann herzzerreißend sein, das eigene Kind in die Obhut von jemand anderem übergeben zu müssen, aber früher oder später sind die meisten dazu gezwungen, wieder arbeiten zu gehen. Vielen kommt es weder richtig noch natürlich vor, sein Kind in die Fremdbetreuung zu geben, aber für Kinder ist das sehr wichtig – sie müssen andere Kinder kennenlernen können und andere Erwachsene, die ihnen wohlgesinnt sind, müssen Teil einer größeren Gemeinschaft werden. Wichtig ist, dass es in ihrem eigenen Tempo geschieht – auch wenn das für Eltern und Kindertagesstätte unpraktisch sein kann. Es ist nun einmal so: Geborgenheit ist das A und O.

Ich glaube nicht, dass es so sehr darauf ankommt, wie viele Stunden das Kind jeden Tag im Kindergarten zubringt, sondern vielmehr darauf, wie es dort zugeht.

Das Ausschlaggebende ist, dass das Kind dort einen anderen Erwachsenen hat, bei dem es sich sicher aufgehoben fühlt, an den es sich wenden kann, wenn es hingefallen ist und sich wehgetan hat – jemand, der ihm Zuwendung gibt. Das Kind in den Kindergarten oder zu einer Tagesmutter zu geben, bedeutet, eine neue Bindung zu einem anderen Erwachsenen entstehen zu lassen.

Wie die örtlichen Gegebenheiten sind, wie viel Spielfläche draußen zur Verfügung steht oder wie die Möblierung aussieht und die Mahlzeiten schmecken, ist zweitrangig: Wichtig ist vor allem, dass man sich dort wirklich auf das Kind einstellt und es richtig wahrnimmt.

Deshalb achte ich bei einer Kinderbetreuungseinrichtung

zunächst immer darauf, ob die Erzieher sich mit den Kindern beschäftigen, ob sie sich auf den Boden begeben, wo sich das Leben der Kinder abspielt.

Die Eingewöhnung

Es verlangt Kindern viel ab, wenn sich ihr Dasein ändert. Wenn es Ihnen also möglich ist, lassen Sie die Kindergartentage anfangs nicht zu lang werden. Die Eingewöhnung ist dann erfolgreich, wenn mindestens ein Erzieher (beziehungsweise die Tagesmutter) gründlich mit dem Kind vertraut geworden ist und weiß, wie er oder sie es trösten kann, sodass sich das Kind in der Betreuung gut aufgehoben fühlt und weiß, an wen es sich wenden kann.

Manchen Kindern fällt es leicht, Kontakte zu neuen Menschen zu knüpfen, andere wiederum sind in dieser Hinsicht zurückhaltender. Dabei spielt auch immer das Alter des Kindes und seine jeweilige Entwicklungsphase eine Rolle. Ist das Kind erst ein halbes Jahr alt, gelingt die Eingewöhnung häufig besser, weil das Kind noch nicht begonnen hat zu fremdeln. Das heißt jedoch nicht, dass es besser wäre, mit der Kinderbetreuung zu beginnen, bevor das Kind sechs Monate alt ist, sondern nur, dass das Kind noch nicht zwischen vertrauten und fremden Menschen zu unterscheiden gelernt hat. Früher oder später wird es das tun, und dann können allen Beteiligten harte Zeiten bevorstehen.

In der Eingewöhnungszeit ist es für Ihr Kind wichtig zu merken,

WENN IHR KIND MERKT, DASS SIE DER BETREUERIN ODER DEM BETREUER VERTRAUEN, FÄLLT ES IHM LEICHTER, DIES EBENFALLS ZU TUN.

dass Sie der Betreuerin oder dem Betreuer vertrauen, um selbst Vertrauen fassen zu können. Machen Sie sich mit der Person, die Ihr Kind in seine Obhut nimmt, bekannt und zeigen Sie ihr, dass Sie sie zu schätzen wissen.

Darüber hinaus ist es meistens von Vorteil, wenn Sie anfangs beim Abgeben Ihres Kindes etwas Zeit mitbringen. Dann stehen Sie nicht unter Stress und können ein wenig länger bleiben, falls nötig. Es dauert einfach etwas, bis solche Übergangsphasen eingetaktet sind. Bald aber wird einem auch das ganz natürlich erscheinen und zu einem selbstverständlichen Teil des familiären Alltags werden – und Sie werden das Hinbringen und Abholen jeden Tag mit etwas Schönem assoziieren.

Ein unkompliziertes Kind

Die meisten Kinder gewöhnen sich schnell ein. Manche, die sich in der Kita nicht wohlfühlen, werden protestieren, während andere irgendwann resignieren und für sich bleiben. Ein einjähriges Kind, das einfach nur dasitzt, ist leicht zu übersehen. Eine Mutter erzählte mir einmal, dass ihr Sohn vom Kita-Personal nahezu vergessen wurde. Still und in sich gekehrt saß er immer mit demselben Auto hinter der Tür, wenn sie ihn abholte. Für sich allein, weit von den anderen Kindern entfernt. Als die Mutter mit den Betreuern darüber sprach, erwiderten diese, dass er ein unkompliziertes Kind sei, das es gerne so hatte. Zu Hause aber weinte ihr Sohn nach dem Kindergartenbeginn viel. Es wurde schwieriger, ihn zu Bett zu bringen, ihn zu beruhigen – ja, der gesamte Umgang mit ihm war erschwert.

Ihr Sohn tat mit seinem Verhalten in der Kita nicht kund, dass er ein unkompliziertes Kind war, sondern dass er sich bei keinem der Betreuer geborgen und sicher aufgehoben fühlte. In so einem Fall gilt es, mit den Erziehern der Einrichtung das Gespräch zu suchen, sie dazu zu bewegen, das Kind stärker mitzunehmen, zu berücksichtigen und eine emotionale Bindung zu ihm aufzubauen. Lassen sich die Betreuer nicht darauf ein, müssen Sie sich als Eltern nach einer anderen Betreuungseinrichtung umsehen.

Die Übergabe

«Vielleicht sollte ich einfach alles andere zurückstellen und zu Hause bleiben?», fragte mich einmal ein Nachbar. Er stand auf dem Hinterhof unseres Wohnblocks und beobachtete seine Tochter, die für sich im Schatten der alten Wohnhäuser spielte. Er erzählte, dass sie immer noch bei der Eingewöhnung in den Kindergarten waren und ihre Tochter sich beim Abholen und Hinbringen immer vehement sträubte. Die Betreuer seien der Ansicht, er solle trotzdem einfach gehen, aber das kam dem Vater völlig unnatürlich vor. Er hatte selbst weinen müssen, als er – das Weinen der Tochter im Ohr – den Kindergarten verließ. Jetzt erwog er, die Eingewöhnung ein halbes Jahr auszusetzen, bis die Tochter etwas älter war.

Erhebt ein Kind Protest, ist das ein Anzeichen dafür, dass es in der neuen Umgebung noch nicht genügend Sicherheit und Geborgenheit gefunden hat, dass es ihm immer noch an etwas fehlt.

Dann halte ich es für wichtig, gemeinsam mit den Verantwortlichen der Einrichtung einen Schritt zurückzutreten und sich bei ihnen danach zu erkundigen, ob sie das Kind auch gut genug kennen, ob sie im Lauf des Tages ausreichend Zeit für es finden. Gleichzeitig müssen Sie als Eltern auf die von ihnen getroffene Entscheidung vertrauen. Sie können im Vorfeld überprüfen, ob der Kindergarten oder die Tagesmutter einen guten Eindruck machen, aber danach müssen Sie zu Ihrer Wahl stehen: das Kind souverän

Eine gute Kindertagesstätte hat Betreuer, die dem Kind Geborgenheit und die Möglichkeit geben, sich zu entwickeln, Neues zu lernen und zur Ruhe zu kommen. Das Kind braucht Spielkameraden genauso wie Windeln und regelmäßige Mahlzeiten und Streicheleinheiten – kurz gesagt, alles das, was ihm auch gute Eltern schenken.

und liebevoll übergeben, sich verabschieden und dafür sorgen, dass sich das Kind einer Beschäftigung widmet – dann sollten Sie gehen. Und nun zum schwierigen Teil: Weint das Kind beim Abschied, ist das nicht einfach, aber wenn Sie erst weggehen und dann wieder zurücklaufen, stiften Sie mehr Verwirrung als Trost. Und dann sind Sie ihm keine Hilfe.

Es sollte immer der Erwachsene die Dinge in die Hand nehmen, der sich gerade um das Kind kümmert.

Die Betreuer müssen wissen, was Ihr Kind gerne isst, was es zum Lachen bringt, wie es spielt, schläft, was es zur Ruhe kommen lässt – all das, was Sie auch von zu Hause kennen. Und dann müssen sie auf ihre Weise einen Zugang zum Kind suchen, müssen eine eigene Bindung zu Ihrem Kind aufbauen.

Aussagen wie «So machen wir das hier aber» deuten selten darauf hin, dass eine gute Beziehung zum Kind im Vordergrund steht. Das Kind muss als ein Individuum behandelt werden, und eben das – die Persönlichkeit Ihres Kindes – sollten Sie auch immer herausstellen.

SEIEN SIE NEUGIERIG!

Erinnern Sie sich noch an die Zeit vor der Geburt Ihres Kindes? An das Gefühl eines kleinen Fußes oder Arms, der sich von innen gegen die Bauchdecke streckt, an das stille Warten mit der auf dem Bauch ruhenden Hand? Erinnern Sie sich noch daran, dass Sie ständig nach Signalen dafür Ausschau hielten, dass sich etwas Neues tun würde, dass Sie genauestens verfolgt haben, wie die Entwicklung des Kindes voranschritt? Jetzt wird der Nacken ausgebildet, nun schlägt ein Herz, jetzt entwickeln sich Zehen und Nägel ... Ich bin der Überzeugung, dass Sie alles in den Wind schlagen können, was Elternkurse, Internetseiten und Erziehungsexperten Ihnen zu sagen haben, so lange Sie sich eines bewahren: die Neugierde auf Ihr Kind! Lassen Sie sich von all den kleinen Entwicklungsschritten Ihres Kindes faszinieren, lassen Sie zu, dass Ihr Kind Neues entdeckt, und *nehmen Sie es wahr*, hören Sie genau hin und verfolgen Sie alles ganz genau. Finden Sie heraus, was Sie von Ihrem Kind erwarten können und welche Anforderungen Sie noch nicht an es stellen dürfen.

Und seien Sie neugierig! Dann werden Sie Ihrem Kind auf die richtige Weise gerecht.

WICHTIGE THEMEN FÜR DIE KLEINEN

(SCHLAFEN, SPRECHEN LERNEN, GESTILLT WERDEN ...)

Im Osloer Schlosspark schwimmen die Enten im Schatten mächtiger Birken und Ahornbäume, die vor zweihundert Jahren rings um die kleinen Teiche gepflanzt wurden. Im Sommer wimmelt es hier nur so vor Menschen, im Winter eilen sie mit eingezogenem Kopf über die schneebedeckten Kieswege. Ich gehe gerne durch den Park, und zu jeder Jahreszeit sind dort schon frühmorgens Mütter und Väter mit Kinderwagen unterwegs. Manchmal ertappe ich mich dabei, wie ich ihnen zulächle.

Kinder zu bekommen, ist eigentlich so etwas wie ein kostenloses Achtsamkeitstraining. Es stiftet unmittelbar einen Sinn und gibt Anlass, sich – was die Gefühle und die eigene Existenz betrifft – ganz auf grundlegende Dinge zurückzubesinnen. Kinder rufen uns all das wieder in Erinnerung, was wir vergessen haben. Sie bringen einen dazu, die Welt mit ihren Augen zu sehen, mit Staunen auf dieses Leben und all die unzähligen kleinen Wunder zu blicken, die uns umgeben: das Geräusch eines Hubschraubers, die Höhe einer Baumkrone, die Tiefe einer Pfütze, die Schönheit schrumpeliger Äpfel, das Wundersame an einem Stein unter einer Vielzahl von Steinen. Das Kind lehrt einen, dass nicht immer das Ziel, sondern der Weg dorthin das eigentlich Interessante ist. Kinder wecken einen frühmorgens, sind hellwach und zeigen einem, wie phantastisch es ist, den allmählichen Tagesanbruch zu erleben.

Ich glaube, Kinder machen uns zu besseren Menschen, wenn wir es zulassen. Wenn Sie den Mut haben, neugierig auf Ihr Kind zu sein, den Mut haben, wahrzunehmen, was es einzubringen hat, und ihm offen begegnen, wenn Sie den Mut haben, es anzunehmen, werden Sie viel zurückbekommen.

Und damit geht dann alles andere einher: Schlafroutinen, der Familienalltag, Nahrung und der erste Medienkontakt und nicht zuletzt der Spracherwerb, all die kleinen und großen Themen, die auch zu diesen ersten 24 Monaten gehören. Diese möchte ich Ihnen nun im zweiten Teil des Buches näherbringen.

STILLEN UND BEIKOST

Im Lauf der ersten vier bis fünf Monate wird Ihr Baby sein Körpergewicht verdoppeln, und das allein durch die Muttermilch – beziehungsweise durch das Stillen und durch emotionale *Nähe*. Das Kind ist auf Körperkontakt angewiesen, um Nahrung aufzunehmen und sich wohlzufühlen. Deshalb ist es besonders wichtig, dass Sie von anderen Dingen Abstand nehmen, dass Sie das Smartphone weglegen und den Fernseher ausschalten, damit Sie sich voll und ganz darauf konzentrieren können, das Baby zu füttern und für es da zu sein.

Milch und Nähe sind jetzt das A und O.

Wie das Stillen gelingt

Bei manchen Frauen kommt die Muttermilchproduktion leicht in Gang, bei anderen dauert es ein wenig länger. Ich möchte unterstreichen, dass das Stillen eine sehr persönliche Angelegenheit ist – die Meinung Dritter dazu ist irrelevant. Der Rat anderer kann eine Hilfe, aber ebenso gut völlig unnütz sein; langfristig kostet es sehr viel Kraft, sich mit den Ratschlägen anderer auseinanderzusetzen.

Das Stillen ist gewissermaßen die erste Aufgabe, die an Sie als Mutter gestellt wird, und man fühlt sich schnell unzureichend, wenn es nicht so läuft wie erhofft. Sie aber müssen den für Sie richtigen Weg finden, sich entspannen, ganz klein anfangen und dürfen den Glauben an sich nicht verlieren. Dass das verzwickt und schwierig ist, ist keine Frage – jedenfalls beim ersten Mal. Ich erinnere mich an eine Werbekampagne, die Mütter zum Stillen bewegen sollte. Der Slogan lautete: «Das Natürlichste von der Welt». Das ist es auch, aber deswegen muss man es nicht so hinstellen, als ob es einfach wäre. In Wahrheit kann es schmerzhaft sein, und viele haben Probleme damit. Stellt man das Stillen als ein Allheilmittel für die Kleinkindzeit dar, liegt man falsch.

Das Leben ist voller schmerzhafter Erfahrungen, die uns Durchhaltevermögen abverlangen.

Das Stillen ist nicht leicht, aber es ist eine Investition in Ihr Kind, stellt etwas Schönes für es dar. Dasselbe gilt für die Gabe von Flaschenmilch. Gelingt Ihnen aber das Stillen, bekommen Sie noch ein paar wichtige Extras umsonst dazu: eine naturgegebene Entschleunigung, Nähe und Hautkontakt, und Hormone, die Sie rundherum glücklich machen. Das alles geschieht ganz von selbst. Wenn

> Schläft das Baby an der Brust oder gegen Ende der Flaschenmahlzeit ein? Das ist völlig normal. Es wird noch früh genug das Einschlafen ohne Brust lernen. In den ersten Monaten nach der Geburt kommt es nur auf Zuwendung, emotionale Nähe und die Milchnahrung an.

Sie dem Kind das Fläschchen geben, müssen Sie dafür sorgen, dass die erwähnten Dinge ebenfalls Bestandteil des Fütterns sind. Die Flasche ist keine simple Alternative. Einem Kind das Fläschchen zu geben, erscheint vielleicht praktisch, aber das Füttern bedeutet weit mehr als nur die reine Nahrungsaufnahme. Sie müssen dem Kind gleichzeitig alles andere geben, was es braucht, und das setzt voraus, dass Sie mit ganzem Herzen bei der Sache sind.

Die Erstmilch, die produziert wird, das sogenannte Kolostrum, ist dickflüssig, besonders nährstoffreich und voller wichtiger Stoffe, die gegen Infektionskrankheiten schützen – und ein wirklich guter Start ins Leben. Aber sie ist kostbar, wird nur in geringen Mengen produziert. Am dritten Tag nach der Geburt ist sie meistens schon aufgebraucht und wird schließlich durch gewöhnliche Muttermilch in weit größerer Menge ersetzt. Die Produktion größerer Milchmengen allerdings braucht manchmal ein wenig Zeit. Das ist auch die Erklärung dafür, dass viele mit einem ruhigen, satten und zufriedenen Säugling die Geburtenstation verlassen und er kaum, dass sie zu Hause ankommen, hungrig, unruhig und untröstlich ist.

Innerhalb weniger Tage wird der Milcheinschuss einsetzen, was eine schmerzhafte Angelegenheit sein kann. Wenn Sie sich damit abmühen, das Kind dazu zu bewegen, die Brust zu nehmen, wenn Ihre Brustwarzen so entzündet sind, dass Sie nur weinen möchten, wenn Ihr Kind ständig nach Milch verlangt und es Ihnen nicht gelingt, es ohne diese zum Schlafen zu bewegen, dann sollten Sie wissen, dass es Millionen von Menschen so ergeht wie Ihnen.

Zu hören, dass diese Phase vorübergeht, dass die Milch schon fließt, wenn der Säugling nur häufig genug angelegt wird, mag ja ganz tröstlich sein, aber wenn Sie vorher noch nie gestillt haben, kann es schwierig sein – und man kann sich sehr einsam fühlen, wenn die Milch nicht kommen will, während man gleichzeitig Verantwortung für ein weinendes Neugeborenes trägt. Es ist nur verständlich, dass Sie dann unter Druck stehen. Halten Sie durch, es wird besser. Die Hormone, die beim Stillen ausgeschüttet werden, gehen in die Muttermilch über und machen das Neugeborene ruhiger und geduldiger, selbst wenn es in den ersten Tagen nach der Geburt etwas zu wenig Milch erhalten sollte.

WIE MAN DAS BABY AN DIE BRUST GEWÖHNT

1. Nehmen Sie eine bequeme Haltung ein. Je besser Sie sitzen oder liegen, umso entspannter sind Sie und umso eher sucht Ihr Baby bei Ihnen Nähe und Nahrung.

2. Legen Sie den Säugling, gestützt durch Kissen, auf Brusthöhe an. Er sollte in Bauchlage an Ihrem Oberkörper liegen, die Nase zur Brustwarze gedreht. In einer aufrecht sitzenden Position oder in Seitenlage ist das Stillen schwierig für Ihr Kind. Es kann seinen Kopf auch noch nicht selbständig drehen – es muss unmittelbar an der Brust liegen.

3. Kitzeln Sie es an Oberlippe oder Wange, gerne mit Hilfe der Brustwarze. Das löst beim Säugling einen Saugreflex aus. Wenn er den Mund weit öffnet, stecken Sie so schnell es geht die gesamte Brustwarze samt Warzenhof in den Mund. Fängt er nicht an zu saugen, streichen Sie ihm leicht über die Wange.

Manche finden, das Stillen gelänge am einfachsten in einer sitzenden Position, andere wiederum stillen gerne im Liegen. Am besten stillt man zu Beginn im Beisein von jemandem, der sich mit den korrekten Stillpositionen auskennt; bitten Sie also eine Hebamme oder Stillberaterin oder jemanden aus Ihrem Bekanntenkreis um Hilfe.

Die erste Beikost

Die meisten Eltern führen Beikost in Form von Brei ein, wenn ihr Baby zwischen vier und sieben Monaten alt ist. Wenn Sie Ihr Kind an feste Nahrung gewöhnen, sollten Sie ihm diese regelmäßig anbieten – die Gewöhnung ist das Wichtigste. Was zu Brei verarbeitet wird, ist dagegen nicht so relevant, das hängt von den Gepflogenheiten in Ihrer Familie und Ihrer Kultur ab. Solange Sie dem Kind nichts auftischen, das richtiggehend ungesund ist, können Sie ihm im Prinzip alles geben, was Sie möchten. Es empfiehlt sich aber, das Kind an das Familienessen zu gewöhnen – geben Sie ihm kleine Portionen von Ihrem Essen ab, lassen Sie es Ihre Essgewohnheiten und die bei Ihnen vorherrschenden Geschmacksrichtungen testen. Sie können auch zu Getreidebrei und Fertignahrung für Babys greifen, aber nicht ausschließlich. Ich persönlich habe auf den Stabmixer geschworen, habe alles Mögliche damit zerkleinert und ein wenig Muttermilch untergemischt, um dem Baby den Übergang zur festen Nahrung zu erleichtern. Die Muttermilch beziehungsweise die Flaschenmilch wird weiterhin die Hauptnahrungsquelle für Ihr Baby darstellen. Machen Sie sich also keine Sorgen, wenn die Gewöhnung an die Beikost ein wenig dauern sollte.

Mein erster Sohn hatte einen Heidenspaß daran, mit uns anderen am Tisch zu sitzen und zu essen, während mein zweiter sich weigerte, den Mund zu öffnen, wenn nicht ausreichend weichgekochter Reis oder Eiscreme auf dem Löffel war. Sie müssen sich

SO WIRD AUS IHREM KIND EIN OPTIMIST!

«Guck mal, Mama!» gehört zu den ersten Dingen, die Kinder sagen – und das überall, in jedem Land, in jeder Sprache. Ihre Erlebnisse und ihre Freude mit den Personen zu teilen, die ihnen am nächsten stehen, ist für kleine Kinder lebenswichtig. Wenn sie etwas allein schaffen, wenn sie vor Aufregung ein Kribbeln im Bauch verspüren, wenn etwas Überraschendes geschieht, möchten sie, dass Sie an dem Erlebten und an den dadurch ausgelösten starken Gefühlen Anteil nehmen. Viele Eltern erwidern dann: «Gut gemacht!» Doch darauf ist Ihr Kind gar nicht aus. Es will nicht bewertet werden.

Es möchte nur, dass Sie es *wirklich sehen*, dass Sie bei ihm sind.

Auch das Teilen von Erfahrungen hat Einfluss darauf, welche Meinung Ihr Kind im späteren Leben von sich haben wird. Bringen Sie dem Kind bei, dass es wichtig ist, gut zu sein, wird es befürchten, als unzulänglich enttarnt zu werden.

Es wird nicht den Mut aufbringen, sich an Dingen zu versuchen, die es nicht kann, wird zaghaft werden, versuchen, sich auf dem vertrauten Terrain zu bewegen, das Lob und Anerkennung verspricht. Kinder, die lernen, dass es

sich lohnt, «gut» zu sein, kommen nicht so gut wie andere mit Widerstand zurecht, werden leichter aufgeben, sich weniger zutrauen.

Geben Sie dem Kind lieber zu verstehen, dass erst das Ausprobieren und Fehlermachen zum Erfolg führt – und das immer wieder. Etwas zu üben, es zu wagen, bis es einem gelingt, ist der Weg zum Glücklichsein.

Wenn Ihr Kind stolpernd seine ersten Schritte auf Sie zu macht, sollten Sie dies nicht mit den Worten «Wie gut du das machst!» bewerten, sondern lieber sagen: «Wow, das kannst du auch schon?»

Das mag sich nicht so weltbewegend anhören, aber so legen Sie jetzt schon die Grundlagen für die spätere Einstellung Ihres Kindes zum Leben: Der Pessimist wird Schwierigkeiten aus dem Weg gehen, der Optimist wird sich nicht beirren lassen, er wird mutiger sein und mehr Erfolgserlebnisse haben.

durch Ausprobieren vorwärtstasten und so versuchen, den Vorlieben Ihres Kindes auf die Spur zu kommen.

Es geht darum, Ihr Kind mit verschiedenen Konsistenzen, Geschmacksrichtungen und Gerüchen vertraut zu machen. Und es sollte alles ausreichend erforschen dürfen.

Gemeinsame Mahlzeiten

Ein einjähriges Kind isst anders als die übrige Tischgesellschaft. Es nimmt zu sich, was es will, und Tischmanieren sind noch kein Thema. Es ist eine Kunst für sich, ein quirliges und vergnügtes Kind zum Essen zu bewegen.

Gleichzeitig sind gemeinsame Mahlzeiten wichtig und wertvoll. Sie halten uns als Familie zusammen, schenken uns im Alltag einen Raum, wo wir uns begegnen und einander in die Augen sehen können, sie sagen etwas darüber aus, wer wir sind. Beginnt das Kind mit uns Erwachsenen gemeinsam seine Mahlzeiten einzunehmen, nimmt es auf neue Weise am Familienleben teil. Und das ist eigentlich etwas sehr Begrüßenswertes – auch wenn diese Mahlzeit nicht länger als 15 Minuten dauert.

Nutzen Sie die kostbare Zeit, in der Sie – als eine *eingeschworene Gemeinschaft* – gemeinsam am Tisch versammelt sind.

Sie dürfen das Kind vom Tisch aufstehen lassen, sowie es genügend gegessen hat – schließlich gibt es dort draußen eine Welt, die es zu entdecken gilt.

WINDELN UND TÖPFCHENTRAINING

Keine Windeln mehr zu brauchen, bedeutet für das Kind einen großen Schritt hin zu Selbständigkeit und Selbstbestimmung. Ein Kind, dem das gelungen ist, wird geradezu vor Selbstbewusstsein strotzen – endlich liegt ihm die Welt zu Füßen!

Es macht allerdings keinen Sinn, diesen Schritt zu tun, bevor das Kind dazu bereit ist. Die meisten Kinder sind das in einem Alter von etwa drei Jahren. Mädchen sind in der Regel etwas früher dran. In südlichen Ländern fällt es den Kindern leichter, trocken zu werden, als bei uns im Norden. Kann das Kind in leichter Sommerkleidung umherspazieren, ist ein kleines Malheur nicht weiter schlimm. Aber sich im Schneeanzug und voll bekleidet in die Hose zu pinkeln, ist weniger lustig.

Möchten Sie, dass Ihr Kind schon, bevor es zwei ist, trocken wird, sollten Sie sich klarmachen, dass das weitaus mehr Aufwand erfordert, als wenn Sie noch etwas länger damit warten. Bringen Sie jedoch ausreichend Zeit dafür mit und können Sie sich während der milden Jahreszeit darum kümmern, ist es durchaus möglich. Haben Sie ein Töpfchen zur Hand, holen Sie es hervor, wenn Sie glauben, das Kind müsse auf den Topf

(gerne unmittelbar nach dem Essen) und äußern Sie Begeisterung, wenn es erfolgreich hineingemacht hat. Lesen Sie mit dem Kind Bücher über den eigenständigen Toilettenbesuch, lassen Sie Pipi und Aa zu einem Gesprächsthema werden, und seien Sie dem Vorhaben gegenüber positiv eingestellt.

Wenn mal etwas danebengeht: Vermeiden Sie jede Form des Schimpfens - so impfen Sie Ihrem Kind bloß Schuldgefühle ein, und das kann das ganze Projekt zum Scheitern bringen. Das Kind tut sein Möglichstes - damit es trocken werden kann, ist es vor allem wichtig, dass Sie alle gelassen bleiben.

Es gibt kaum einen schöneren Anblick als ein schlafendes Kind. Wir können Raumschiffe in unbekannte Welten entsenden, wir können Schlösser und Kirchen erbauen, Dämme ausheben und U-Boote in die Tiefe der Meere schicken. Wir können die höchsten Wolkenkratzer der Welt errichten und die schönsten Skulpturen in uralten Museen bewundern, doch nichts geht über den stillen Rhythmus kindlichen Schlafs.

Den sanften Atem. Die Hände, die halb geöffnet auf dem weißen Betttuch liegen.

Es gibt nur wenige solche Augenblicke im Leben, in denen man plötzlich erahnt, dass man an etwas wirklich Großartigem teilhat.

SCHLAF UND RHYTHMUS

Zwei meiner Kinder gingen einige Jahre lang zu einer indischen Tagesmutter. Sie hieß Didi und war phantastisch im Umgang mit ihnen – sie kochte leckere vegetarische Eintöpfe und organisierte mit sanfter Hand den Tag der Kinder, für die sie verantwortlich war und die in ihren Händen wuchsen und gediehen. Einmal lud ich sie zu uns nach Hause ein, und wir tranken Tee und unterhielten uns. Bevor sie wieder ging, bat sie darum, sehen zu dürfen, wie die Kinder schliefen. Ich räumte etwas Kram beiseite und zeigte ihr die Schlafplätze der Kinder, die wir mit in unser Schlafzimmer hineingequetscht hatten. Sie lächelte zufrieden und nickte. Ich fragte sie, was sie eigentlich hatte wissen wollen. Sie antwortete, was sie an der skandinavischen Kultur am wenigsten verstehen würde, sei, dass schon ganz kleine Kinder allein in einem Zimmer schliefen. Für sie hatte dieser Gedanke etwas Beängstigendes.

Kaum ein Thema löst so starke Reaktionen aus wie der Schlaf. Ich kenne Eltern, die es für nötig halten, ihren Kindern so schnell wie möglich ein eigenes Zimmer zu geben. Sie sehen darin eine Form der Selbständigkeit und freuen sich, das Kind nicht ständig um sich zu haben. Ich kann das nachvollziehen und halte diese Denkweise nicht für verwerflich.

Wie wir schlafen, ist unsere Entscheidung und nichts, was vorgegeben wäre. Wenn Sie meinen, das Kind sei alt genug, um in einem eigenen Zimmer zu schlafen, dies aber nicht den Tatsachen entspricht, wird Ihnen Ihre Überzeugung nichts nützen. Wenn Sie glauben, ein Einjähriges *müsse* in einem eigenen Bett schlafen, bedeutet das noch lange nicht, dass Sie auch recht haben.

Ich begegne häufig Eltern, die meinen, ein Rezept dafür gefunden zu haben, wie ein Baby schlafen soll. Diese Eltern haben meist nur ein einziges Kind, und mir ist aufgefallen, dass sie ihre phantastische Methode kaum noch erwähnen, wenn erst einmal das zweite Kind da ist.

Kinder sind nun einmal verschieden. Vielleicht schläft Ihr Kind schon in einem Alter von wenigen Monaten tief und ruhig, vielleicht wird es Ihre Nähe zum Einschlafen aber auch noch lange brauchen. Das Kind ist, wie es ist, also vergessen Sie Ihre Pläne und lernen Sie den kleinen Menschen lieber kennen, der Ihnen anvertraut ist.

Ich bin mir ziemlich sicher, dass in Ihrer Stadt jede Nacht

eine ganze Reihe Kinderzimmer leer stehen. Babys brauchen die Gegenwart ihrer Bezugspersonen rund um die Uhr. Sie kommen noch nicht allein zurecht und sind darauf angewiesen, dass Sie sie hören und in kürzester Zeit bei ihnen sein können.

Wie Sie das Schlafen in Ihrer Familie organisieren, ist Ihre Sache, Hauptsache, das Kind ist sich nicht selbst überlassen.

Schlafen ist schwierig

Ein schwedischer Dichter hat das Erwachen mit einem Fallschirm verglichen, der sich öffnet, wenn man in diese Welt zurückkatapultiert wird, sodass man weich auf dem Boden landet. Das würde andersherum bedeuten, dass man beim Einschlafen abspringt, loslässt, in den Schlaf *fällt*. Das aber kann schwierig sein.

Eltern, die sich dafür schämen, dass ihr Kind nicht so gut schläft oder einschläft wie «alle anderen», sollten wissen, dass Schlafschwierigkeiten ganz normal sind. Es ist völlig in Ordnung, wenn das nicht gleich gelingt, und es ist legitim, nicht ganz vorschriftsmäßig vorzugehen, solange man darauf hinarbeitet, eine gute Lösung für alle Familienmitglieder zu finden. Natürlich kann es hin und wieder anstrengend sein, vielleicht wird Ihre Geduld auf die Probe gestellt, aber denken Sie in allen unendlichen durchwachten Nächten und in allzu frühen Morgenstunden, bei Träumen, Albträumen und nassen Laken, die gewechselt werden müssen, immer an eins: Ihr Kind braucht Sie!

Nach Ihnen soll das Kind rufen, wenn es sich im Dunkeln einsam fühlt, Sie sollen es trösten, mit ihm mitfühlen und es beruhigen. Jedes Mal.

Das kindliche Gehirn braucht Träume

Ein Neugeborenes schläft normalerweise 16 Stunden am Tag, während ein Zweijähriges nachts rund 11 Stunden schläft und im Laufe des Tages gern noch einmal eine Ruhepause einlegt. Dass kleine Kinder viel schlafen, hat biologische Gründe: Ihr Gehirn entwickelt sich in diesen ersten Jahren rasant. Die Hirnzellen beginnen zusammenzuarbeiten, sie vernetzen sich, und dabei finden in unseren Köpfen zahlreiche Testläufe und Korrekturen statt. Der Schlaf erlaubt dem Gehirn eine Auszeit, es kann herunterfahren und sich auf neue Herausforderungen vorbereiten. Für uns Erwachsene gilt im Prinzip das Gleiche. Deshalb funktionieren wir auch schlechter, wenn wir über längere Zeit zu wenig Schlaf bekommen. Wir werden vergesslich, wir machen Fehler, wir können uns nicht mehr konzentrieren. Für kleine Kinder ist Schlaf sogar noch wichtiger. In der Traumphase – fachsprachlich REM-Phase genannt – vernetzen sich ihre Gehirnzellen miteinander. Kinder haben viel mehr REM-Phasen als Erwachsene, weil in ihrem Gehirn so viel passiert. Diese Phasen sind durch leichteren Schlaf gekennzeichnet, und deshalb wachen Kinder häufiger und schneller auf als wir, deshalb benötigen sie Ihren Trost, damit sie

DER UNRUHIGE SCHLAF EINES BABYS IST DAS ÄUSSERE ANZEICHEN EINES SICH ENTWICKELNDEN GEHIRNS. ER BEDEUTET NICHT, DASS SIE EIN SCHWIERIGES ODER UNRUHIGES KIND HABEN, SONDERN DASS SEINE GEHIRNZELLEN SICH MITEINANDER VERNETZEN.

zur Ruhe, zu Schlaf und Träumen zurückfinden können, auf die sie angewiesen sind.

Es ist gut, das im Hinterkopf zu behalten, wenn der Alltag Sie fest im Griff hat: Der unruhige Schlaf sorgt dafür, dass das Gehirn sich normal entwickelt, deshalb ist er für Babys so wichtig. Mit anderen Worten sollten Sie dankbar sein für den Traumschlaf, egal, wie anstrengend das auch für Sie ist.

Vielleicht gibt es auch eine natürliche Erklärung dafür, dass Babys so früh aufwachen? Wenn kleine Kinder zusammen mit ihrer erwachsenen Bezugsperson aufstehen, haben sie eine wertvolle Zeit zu zweit, die sie brauchen, um Sicherheit zu entwickeln. Sie brauchen Exklusivzeit mit Ihnen und sorgen gewissermaßen selbst dafür, dass sie sie auch bekommen – nämlich frühmorgens.

Ein paar Tipps

Was können Sie tun, damit Ihr Kind möglichst gut schläft? Als Erstes sollten Sie Ihre Erwartungen herunterschrauben. In den allerersten Monaten werden Sie auch in der Nacht viel mit Füttern, Wickeln und Nähe-Geben beschäftigt sein. Danach wird Ihr Kind allmählich längere Schlafphasen haben. In den folgenden Monaten und Jahren hängt dann der Schlaf Ihrer ganzen Familie davon ab, dass Sie einen Rhythmus finden, der auf Ihre Bedürfnisse zugeschnitten ist.

1. Schlafen Sie zunächst im selben Zimmer

Ihr Kind kommt ängstlich auf die Welt, in der ihm alles völlig fremd ist. Es braucht Sie, braucht Ihren Geruch und die Wärme Ihrer Haut, braucht Ihre sanfte Stimme und will Ihren Herzschlag hören. Anfangs – zumindest in den ersten Monaten – sollten Sie gemeinsam schlafen – das tut Kindern und Erwachsenen gleichermaßen gut.

2. Entwickeln Sie Routinen

Wir Menschen sind Gewohnheitstiere, wir suchen nach Sicherheit und Vertrautem. Routinen geben Sicherheit. Sie sollten versuchen, das Kind möglichst immer ungefähr zur gleichen Zeit ins Bett zu bringen. Damit vermeiden Sie auch Übermüdung und Verzweiflung beim Kind – beobachten Sie es und finden Sie heraus, wann es bettreif ist. Vielleicht gewöhnen Sie sich an, bestimmte Lieder zu singen oder beim Anziehen des Schlafanzugs feste Rituale zu pflegen, ein bisschen zu lesen oder ein Bad zu nehmen. Es spielt keine große Rolle, was Sie im Einzelnen tun, aber wenn Sie etwas finden, das sich gut etablieren lässt, können Sie dem Kind so auf eine effektive Weise signalisieren, dass bald Schlafenszeit ist.

3. Finden Sie einen Tag-und-Nacht-Rhythmus

Allmählich wird Ihr Kind einen Tag-und-Nacht-Rhythmus entwickeln. Diesen Prozess unterstützen Sie, wenn Sie ihm beibringen, die verschiedenen Phasen zu unterscheiden. Schläft das Kind tagsüber, braucht es dafür keinen völlig abgedunkelten und ruhigen Raum. Es darf sich ruhig daran gewöhnen, dass der Tag anders ist als die Nacht – heller und geräuschvoller. Wacht das Kind nachts auf, können Sie es sanft ansprechen, eine kleines Nachtlicht anmachen statt der Deckenlampe und dafür sorgen, dass das Füttern und Wickeln möglichst ruhig vonstattengeht. Langsam, aber sicher lernt das Kind dadurch, wann wir schlafen und wann wir wach sind.

4. Altbewährte Tricks

Auf der ganzen Welt wird in jeder Sekunde irgendwo ein Kind in den Schlaf gewiegt, gibt ein Vater irgendwo beruhigende «Sch»-Laute von sich. So ist es schon immer gewesen. Kinder lieben diese

Laute, und wir machen sie, um zu beruhigen, um zu signalisieren, dass wir da sind und dass das Kind jetzt ruhig sein soll. Nach neun Monaten im Bauch der Mutter mögen wir die Bewegung von wiegenden Armen oder von sanft schaukelnden Autositzen. Wir mögen alles, was uns zu verstehen gibt, dass jemand bei uns ist, und selbst wenn wir noch ganz klein sind, wollen wir spüren, dass wir ein Teil der Gemeinschaft sind. Darum möchten wir, dass uns jemand über den Rücken oder durch die Haare streichelt, wir mögen den Atem geliebter Menschen und die Wärme ihres Körpers – alles, was uns sagt: «Du bist nicht allein.»

Ein gutes Wiegenlied kennt viele «Sch»-Laute. Äußern Sie diesen Laut so oft wie möglich.

5. Denken Sie praktisch

Wenn Sie als Familie gemeinsam schlafen, kümmern Sie sich um ein ausreichend großes Bett. Schlaf ist für alle wichtig. Sorgen Sie für einen gemütlichen und sicheren Schlafplatz, damit das Kind nicht aus dem Bett fallen oder sich anderweitig verletzen kann. Achten Sie auch darauf, dass die signifikantesten Dinge gewährleistet sind: Sorgen Sie dafür, dass das Kind nicht in Bauchlage schläft. Achten Sie auf eine angemessene Zimmertemperatur, da Babys ihre Körpertemperatur kaum regulieren können und dabei auf Ihre Hilfe angewiesen sind. Schläft das Kind in einem eigenen Zimmer, halten Sie eine zusätzliche Matratze für einen Erwachsenen bereit.

> Neugeborene haben noch keinen Tag-und-Nacht-Rhythmus. Sie schlafen, wenn sie müde sind, egal zu welcher Tageszeit. Erst im Alter von 3 bis 4 Monaten entsteht dieser Rhythmus, der jedoch erst mit etwa vier Jahren voll entwickelt ist. Glücklicherweise stabilisiert sich der Schlaf der Kinder allmählich und die Abstände zwischen den einzelnen Wachphasen werden länger, aber die ersten Jahre mit einem Kind sind eine Herausforderung, weil die Kleinen häufig nur kurz schlafen und auf der Suche nach ihrem Tag-und-Nacht-Rhythmus sind.

6. Nicht verzweifeln!

Die Wahrscheinlichkeit ist groß, dass Sie am Schlaf Ihres Kindes oder am Zu-Bett-Bringen verzweifeln. Das Schlafen von Grund auf zu lernen ist schwierig, das geht nicht von heute auf morgen. Überall auf der Welt und in allen Familien ist es ganz normal, dass Kinder nicht durchschlafen. Erst im Alter von vier Jahren ist der biologische Tag-Nacht-Rhythmus ausgebildet. Machen Sie das Beste daraus, und wenn Sie einen Partner haben, wechseln Sie sich ab und helfen Sie sich gegenseitig. Dem Kind ausreichend Ruhe und Geborgenheit zu geben, damit es halbwegs gut schläft, wenn es älter ist, dauert seine Zeit.

Und was ist mit *meinem* Schlaf?

Ich habe Gespräche mit Paaren geführt, die sich beinahe deswegen zerfleischt haben: wer mit Schlafen an der Reihe ist. Manche kommen an einen Punkt, an dem das Schlafbedürfnis so übermächtig ist, dass sie dem Partner gegenüber nicht mehr großzügig sein können. Wenn Sie mit Ihrem Kind allein sind, haben Sie nicht einmal jemanden, mit dem Sie sich streiten können, sondern müssen allein mit kurzen Schlafintervallen und oft anstrengenden Zeiten in wachem Zustand fertig werden. Aber für Eltern gibt es nicht *ihren* Schlaf – es ist immer *unser* Schlaf. Ich erinnere frischgebackene Eltern oft daran, dass die ersten beiden Jahre einen familiären Ausnahmezustand bedeuten und dass danach alles besser wird. Das Schlafverhalten wird in vielerlei Hinsicht auch davon beeinflusst, dass Sie zusammen leben, dass Sie eine Einheit sind, in der die einzelnen Personen einander brauchen und sich miteinander austauschen müssen, um einander zu verstehen. Um zusammen zu sein – und zusammen zu bleiben.

Früher haben Männer in der Paartherapie manchmal gesagt, es sei einfach, «nur mit dem Kind zu Hause zu sein», aber es scheint, als ob sich diese Überzeugung allmählich verlöre. Andersherum unterschätzt der Partner, der sich in Elternzeit befindet, gern einmal, wie anstrengend es ist, Vollzeit zu arbeiten und mehrmals in der Nacht aufzuwachen, weil man dem Schlafrhythmus des Neugeborenen unterworfen ist.

KLEINE KINDER GEHEN FRÜH SCHLAFEN UND WACHEN FRÜH AUF. SIE SOLLTEN DAS SINNVOLL NUTZEN UND NICHT DAGEGEN ANARBEITEN.

Für all diese Paare, die mich deshalb aufsuchen, liegt die Lösung darin, einander wieder mehr wahrzunehmen und miteinander zu kommunizieren – und sich nicht zuletzt von der Vorstellung zu verabschieden, es gäbe «meinen Schlaf». Stattdessen müssen sie das Vorhaben gemeinsam angehen, es während der Kleinkinderjahre zu *ihrem* Vorhaben machen.

Problematische Methoden

Ich habe im vergangenen Jahr einen Vortrag über den Schlaf bei Kleinkindern gehalten. Einer der ersten Zuhörer, die sich in dem kleinen Gemeindesaal zu Wort meldeten, war eine zarte, junge Frau. Sie hatte ein sieben Monate altes Frühchen, das große Schwierigkeiten hatte, längere Zeit am Stück zu schlafen. In der Familienberatungsstelle beharrte man darauf, dass sie eine dieser «Schreien-lassen-Methoden» nutzen sollte, eine Methode, bei der man das Kind durchschreien lässt, ohne es aufzunehmen. Dabei soll das Kind lernen, dass Schreien nichts nützt. Die junge Frau hatte der Hebamme berichtet, dass das Baby sich oft erbrach

Wir können einiges tun, um unserem Kind einen möglichst guten Schlaf zu ermöglichen, aber es gibt nicht die eine Methode, die bei allen Kindern Erfolg verspricht.

und dass sie sich deswegen Sorgen machte, bekam aber nur die Anweisung, das Erbrochene wegzuwischen und sich weiter an die Methode zu halten.

Ich sagte ihr, dass das falsch sei. Schlicht und einfach falsch. Sie sollten Ihr Kind niemals so lange allein schreien lassen, bis es sich erbricht. Das ist weder für das Kind gut noch für Sie.

Später stellte sich heraus, dass dieses Kind an einer ungenügend entwickelten Speiseröhre litt. Wie viele zu früh geborene Kinder hatte es einige besondere Probleme, die im ersten Jahr seinen Schlaf beeinträchtigten.

Das ist der Nachteil von Methoden, die Zwang ausüben: Einigen Kindern fällt es leicht, zur Ruhe zu kommen, sie gleiten einfach in den Schlaf hinein, während andere rastloser und auf mehr Kontakt angewiesen sind. Diese Kinder sind oft unruhig, weil sie unter einem Problem leiden, das noch nicht erkannt wurde. Die «einzig richtige» Methode könnte Sie dazu verleiten, Dinge zu tun, die dem Kind sogar schaden.

Probieren Sie ruhig verschiedene Methoden und Schlaftipps aus, aber benutzen Sie Ihren gesunden Menschenverstand. Sie dürfen Ihre eigene Einschätzung nicht außer Acht lassen und sich ausschließlich auf etwas verlassen, was sie gelesen oder gehört haben. Das wäre der falsche Weg, damit entziehen Sie sich Ihrer Verantwortung als Mutter oder Vater. Es ist zweifellos so, dass verschiedene Methoden eine Richtung vorgeben können und Kinder Routinen brauchen, aber lassen Sie niemals eine Methode die Beziehung zu Ihrem Kind diktieren.

Es gibt nicht die eine Methode, die bei jedem Kind erfolgversprechend ist, so viel ist sicher. Im Gegenteil. Es existiert keine wissenschaftlich untermauerte Schlafmethode. Dass etwas bei den Kindern anderer Leute funktioniert hat, ist völlig belanglos für Sie. Weshalb einige Kinder leichter loslassen und einschlafen und andere nicht, ist schwer zu sagen. Ihr Kind braucht Bedingungen, die auf es zugeschnitten sind, und Sie als Eltern müssen die Verantwortung dafür übernehmen, dass er oder sie schließlich Ruhe und Schlaf findet, und zwar so, dass alle Beteiligten sich damit wohlfühlen.

Ich selbst habe mein Kind an der Brust einschlafen lassen, obwohl man mir nicht dazu geraten hatte. Aber das hat bei uns im ersten Jahr am besten funktioniert.

Irgendwann schlafen alle Kinder, egal, welche Methode Sie angewandt haben.

Ein gutes Zeichen

Der Schlaf ist das Erste, was sich in Umbruchzeiten ändert, und das Letzte, was sich danach wieder einpendelt. Unruhiger Schlaf kann ein Anzeichen dafür sein, dass sich eine Erkältung anbahnt, es kann aber auch bedeuten, dass Ihr Kind kurz davor steht, das Laufen zu erlernen.

Das ist der Grund dafür, dass Kinder manchmal über längere Zeit hinweg gut schlafen, um dann plötzlich scheinbar wieder einen Rückfall in chaotische Schlafgewohnheiten zu erleiden.

Sie haben sicher selbst schon die Erfahrung gemacht: Wenn Sie an einem neuen Arbeitsplatz anfangen, wenn Sie Liebeskummer haben oder wenn am nächsten Morgen eine wichtige Prüfung ansteht, ist der Schlaf nicht so, wie er sein sollte.

Die ersten beiden Lebensjahre sind voller Meilensteine für das Kind. Sehen Sie abendliche Unruhe deshalb immer als einen möglichen Hinweis darauf, dass für das Kind ein neuer Entwicklungsschritt ansteht. Was Sie als anstrengend auffassen, könnte ein Zeichen für etwas Begrüßenswertes sein.

Das wird schon

Hin und wieder begegne ich einem alten Bekannten, der immer Zeit für ein Schwätzchen hat und mir gerne von seinem Sohn erzählt. Im ersten Jahr nach seiner Geburt war mein Bekannter viel zu Hause und half so gut er konnte beim Spazierenfahren, Wickeln und Füttern. Tagsüber kam er prima mit dem Jungen zurecht, wenn er ihn aber ins Bett bringen wollte, akzeptierte dieser nur die Mutter. Wenn der Vater allein mit ihm zu Hause war, schrie der Junge panisch und schlug und trat um sich. Mein Bekannter war drauf und dran, an der Situation zu verzweifeln. «Immer, wenn ich ihn ins Bett bringe, fühle ich mich wie ein schlechter Vater», sagte er, was ich gut verstehen konnte. Alle Eltern fühlen sich hin und wieder unzulänglich, das gehört zur Elternschaft dazu. Ich schlug ihm vor, die Situation einmal anders zu betrachten: Es nicht als Zurückweisung, sondern als ein Geborgenheitstraining zu sehen. Wann immer er sich in einer solch schwierigen Situation befände, wann immer er sein verzweifeltes Kind im Arm halte, einfach für es da sei und es ertrage, erteile er seinem Sohn eine wichtige Lehre. Dadurch lernt das Kind langsam, aber sicher, dass am Ende alles gut wird. Das Kind erkennt, dass sein Vater immer bei ihm ist, ihn nicht verlässt und auch seine tiefsten Gefühle aushält. Etwas Besseres gibt es nicht.

 Kürzlich traf ich ihn wieder und er erzählte mir, dass es seit unserem letzten Gespräch mit dem Schlafen mal so und mal so gelaufen war. Die Eltern hatten jeden Abend mehrere Stunden gebraucht, um den mittlerweile knapp zwei Jahre alten Sohn ins Bett zu bringen, und meistens kam er im Laufe der Nacht doch in ihr Bett. Gleichzeitig war seine sprachliche Entwicklung jedoch vorangeschritten und sie konnten über das, was vor sich ging, reden. «Du wirst es nicht glauben», sagte mein Bekannter zu mir. «Eines Abends, als meine Frau und ich überlegten, wer von uns noch genügend Energie hatte, um unseren Kleinen ins Bett zu bringen, habe ich ihn gefragt: ‹Möchtest du jetzt ins Bett gehen?›, und er hat uns angesehen und ‹Ja› gesagt und ist danach allein ins Bett gegangen, wo er nach zehn Minuten eingeschlafen ist. Das ist ein Wunder!», fügte er begeistert hinzu.

Ich habe ihm nicht gesagt, dass dergleichen ziemlich häufig vorkommt. Wenn das Kind bereit ist, macht es von selbst neue Schritte. Wir Eltern können so stark in den täglichen Routinen und Strapazen verhaftet sein, dass wir die ständige Weiterentwicklung des Kindes ganz aus den Augen verlieren. Wir vergessen dann, dass das, was uns für eine Zeit unerträglich erscheint, sich bald geben und durch etwas anderes ersetzt werden wird, das ebenfalls unlösbar scheint, sich aber auch eines Tages erledigt haben wird. Als ich die Freude meines Bekannten sah, dachte ich bei mir, dass die Wunder des Alltags eigentlich die schönsten sind. Also nickte ich ihm nur zu und sagte: «Phantastisch!»

Ein flüchtiger Moment nur

Es kommt heute noch vor, dass ich mich beim Einschlafen zu einem meiner Söhne setze. Ich kann mich noch gut daran erinnern, wie es früher war, als die Kinder klein waren, wie gerührt man in so einem flüchtigen Moment sein konnte, wenn ihre Glieder schwer wurden, sie losließen und in den Schlaf hinüberglitten.

Solche Momente sollten Sie in Ihrem Herzen bewahren, sich die enge emotionale Bindung zwischen sich bewusst machen, die schönen Erinnerungen in sich tragen.

Was auch geschieht.

FÜR DAS LEBEN LESEN!

Lesen Sie Ihrem Kind vor. Das ist ein simpler Rat, aber einer der besten. Lesen Sie vor – auch wenn Sie selbst niemals lesen, auch wenn Sie den Klang Ihrer eigenen Stimme nicht mögen, und auch wenn Ihnen in Ihrer Kindheit niemand vorgelesen hat. Tun Sie alles, was in Ihrer Macht steht, damit Ihr Kind in einer bunten Welt aus Geschichten aufwächst, in der neue, phantastische Wörter auftauchen, über deren Bedeutung es nachdenken kann. Sorgen Sie dafür, dass es sich seine ganze Kindheit hindurch in einer Welt voller Bücher bewegen kann – allmählich wird es sich in den Geschichten zurechtfinden, und sie werden zu einem Ort, an dem es sich Trost und Bestätigung holt. Wenn Ihr kleines Kind eines Tages ein lebhafter Zehnjähriger ist, der sich sowohl nach Freiheit als auch nach Geborgenheit sehnt, werden die Bücher magische Freiräume für ihn sein, eine Welt wie bei Peter Pan, der Kontrolle der Erwachsenen entzogen. Als Teenager werden ihm die Bücher dabei helfen, die Gefühle zu benennen, die in ihm brodeln, wenn er unter einem gebrochenen Herzen und treulosen Freunden leidet und er sich im Erwachsenenleben zurechtfinden muss. Bücher vermitteln den Kindern, dass andere vor ihnen schon genau dasselbe erlebt haben und dass schmerzhafte Gefühle vorübergehen. Bücher

geben ihnen das Gefühl, Teil dieser zerbrechlichen Welt zu sein, in die sie hineingeboren wurden, Teil von etwas Größerem zu sein, aber auch etwas zu besitzen, was nur ihnen gehört – eine Art verborgene Höhle der Phantasie. Bücher sind ganz einfach unersetzliche Freunde, die Sie Ihrem Kind während seiner gesamten Kindheit schenken sollten.

Während das Kind noch ganz klein ist, hat das Vorlesen eine Bedeutung über alle Worte hinaus. Es bedeutet gemeinsame Zeit, in der Erwachsene und Kinder sich miteinander dasselbe ansehen, dasselbe denken und dasselbe erleben. Ob Sie die komplette Geschichte lesen und ob das Kind alles versteht, spielt dabei keine Rolle. Wichtig ist allein der Augenblick – dass Sie beide hier und jetzt zusammen sind und gemeinsam lesen.

Wenn das Kind genug hat und seine Aufmerksamkeit nachlässt, sollten Sie aufhören. Später, wenn das Kind fast zwei Jahre alt ist, wird es immer mehr von den Büchern verstehen, in denen Sie gemeinsam blättern, die Wörter werden an die Oberfläche steigen und zu Sätzen werden, die Geschichten nehmen Form an und die Vorlesestunden verändern sich allmählich. Eines Tages wird Ihr Kind selbst lesen, bis dahin aber sollten Sie ihm vorlesen, sich zu ihm setzen und mit Ihrem ganzen Ich anwesend sein, während Sie gemeinsam in andere Welten eintauchen.

DIE SPRACHE

In meinen Augen ist der Erwerb der Sprache so etwas wie eine zweite Geburt, ein zweites Wunder – als lernte man das Kind noch einmal ganz neu kennen. Nach und nach nehmen die Worte Gestalt an, schießen plötzlich wie Flummis hervor und füllen schon bald Ihrer beider Welt mit Farben. Ein Kind beim Spracherwerb zu beobachten ist etwas extrem Spannendes, das alles verändert: Die Sprache weckt Bilder, Erwartungen und Phantasie in uns. Sie spannt einen Bogen zwischen unseren Gedanken und Gefühlen und der Außenwelt, stellt eine Verbindung zwischen Erlebnissen in der Gegenwart, der Vergangenheit und der Zukunft her. Und sie bringt uns den Menschen in unserer Umgebung näher und öffnet Türen zu allem, was wir miteinander teilen.

Das Kind kommt mit Sprache in Kontakt, bevor es sie selbst benutzen kann. Es muss intensiv nachdenken und viel üben, um die

Wörter bilden und sie richtig aussprechen zu können. Schon im Alter von einem halben Jahr kann das Baby Gesagtes mit einer Bedeutung verknüpfen. Mit gut einem Jahr kennt es bereits viele Wörter, die nur noch darauf warten, gebraucht zu werden. Wenn der Damm schließlich bricht, strömen sie alle heraus. Gegen Ende des zweiten Lebensjahres wächst der Wortschatz Ihres Kindes rasant. Jeden Tag und jede Woche lernt es etwas Neues hinzu, was es mehr hoffen, mehr denken und von mehr träumen lässt.

Wie so viele Einjährige liebte auch mein ältester Sohn seine Schuhe. Schuhe sind die Eintrittskarte zur Außenwelt, mit Schuhen ist der Gang sicherer und man kann dorthin laufen, wo Autos, Hunde und Vögel sind. Es war also ganz natürlich, dass sein erstes Wort «Schuhe» war. Wann immer ihn die Entdeckerlust packte, schaute er erwartungsvoll zu mir hoch und sagte: «Schuhe!» Aber viel weiter kam er nicht. Er sagte ein paar neue Wörter, vor allem solche, die zwar recht schwierig, aber nicht besonders wichtig waren, zum Beispiel Lastwagen für Auto. Im Lauf einer Woche kamen allerdings nicht viele neue Wörter hinzu. Bis wir ein halbes Jahr später bei IKEA waren und er mit einem Kuscheltier im Arm im Einkaufswagen saß. Nachdem er recht lange dort gesessen hatte, sah er mich direkt an und sagte folgenden Satz: «Weich und schön, wie Mieze!» Er war offensichtlich stolz und hatte sich mit dieser Äußerung richtig Mühe gegeben. Ich war völlig perplex. Plötzlich sprach er!

WENN DAS KIND ELF MONATE ALT IST, KENNT ES SCHON UNGEFÄHR 50 WÖRTER, AUCH WENN ES SEIN ERSTES WORT SELBST NOCH NICHT GESPROCHEN HAT. VIELE FANGEN MIT UNGEFÄHR EINEM JAHR MIT DEM SPRECHEN AN – MANCHE FRÜHER, ANDERE ETWAS SPÄTER.

Wenn das Kind ungefähr im Alter von 18 Monaten beginnt, einzelne Wörter miteinander zu kombinieren, explodiert seine Sprache regelrecht. Plötzlich kann es so vieles ausdrücken. Sprache ist weit mehr als das, was Sie hören, sie strömt noch nicht stetig hervor, aber plötzlich wird deutlich, dass alles schon bereitliegt. Merkt man, dass die Kommunikation mit dem Kind nun auch mit Worten funktioniert, ist das der Beginn einer sehr schönen Zeit, die das eigene Kind gewissermaßen noch mehr Mensch werden lässt.

Einige Kinder sind später dran als andere, einige spannen ihre Eltern in der Erwartung der ersten Wörter und Sätze richtiggehend auf die Folter. Einmal war ich zu Besuch bei der Mutter eines dreijährigen Sohnes, der nicht sprach. Sowohl die Mutter als

> Die Sprache, die Ihr Kind in der Familie hört – beim Reden, Lesen, bei Spielen mit Worten und beim Singen –, eignet es sich an. Sie brauchen für einen Einjährigen keine «Sprachschule», sondern nur eine aktive, lebendige, sprechende Familie.

auch die Ärzte waren besorgt. In der Etagenwohnung, in der die beiden wohnten, wurde mir bewusst, wie warmherzig die Mutter war und wie schnell sie ihren Sohn verstand – und wie wenig die beiden miteinander sprachen. Er brauchte um nichts zu bitten, denn sie verstand schon, was er wollte, lange bevor er es sagte. Ihr wiederum kam es unnatürlich vor, mit jemandem zu sprechen, der nie antwortete, also sagte sie auch nicht viel. Der Sohn ging nicht in den Kindergarten, wodurch er kaum mit anderen Kindern zusammen war, sondern meist nur mit der Mutter.

Seine Sprache zu aktivieren, war einfach: Sobald die Mutter begann, ihm Fragen zu stellen, und ihm Zeit ließ, zu antworten, sobald die beiden gemeinsam in Bilderbüchern blätterten und das Gesehene benannten, kam auch die Sprache. Nach kurzer Zeit hatte er seinen Rückstand zu den gleichaltrigen Kindern aufgeholt.

Kinder ernst nehmen

Schon seit meiner Geburt schiele ich stark. Meine Eltern fanden das anscheinend ziemlich schlimm, denn sie versuchten alles, um diesen Fehler zu korrigieren. Schon als ganz kleines Kind trug ich eine Augenklappe, und ich war sicher unzählige Male bei den Augenärzten in unserer Stadt. Ich verstand bereits sehr früh, dass mit mir etwas nicht stimmte. Ich war von Anfang an ein Mängelexemplar.

Das wollte ich natürlich nicht sein. Also schummelte ich immer bei den Sehtests. Damals waren diese Tests noch nicht sehr ausgereift, und ich war bald ziemlich gut darin, zu erraten, welche Ant-

---

LACHEN SIE MITEINANDER!

Lachen ist der kürzeste Weg zum Herzen eines Kindes. Wenn Sie gemeinsam lachen, spüren selbst die Allerkleinsten, dass Sie zusammengehören. Von dem wunderbaren Moment an, an dem Ihr Kind zum ersten Mal lächelt, irgendwo zwischen der 8. und 12. Woche, sollten Sie seinen Humor zu erspüren versuchen, dahinterkommen, worüber es lachen kann. Ein Erwachsener, der bellt? Eine Puppe, die verschwindet und plötzlich wieder da ist? Eine komische Grimasse? Finden Sie heraus, was für Ihr Kind lustig ist, und lachen Sie gemeinsam darüber.
Dabei geschieht etwas Wunderbares: Das kleine Kind spürt, dass Sie beide etwas miteinander teilen.

worten die Erwachsenen von mir haben wollten. Es ging schließlich um einen Test, einen *Sehtest*, und den wollte ich bestehen. Ich sagte Haus, Hund, Blume und so weiter. Ich schummelte so gut, dass alle glaubten, ich könne einwandfrei sehen.

Keiner der Ärzte suchte den Kontakt zu mir, keiner setzte sich zu mir und erklärte mir, worum es ging, keiner machte ein Spiel daraus oder zumindest etwas, was weniger erschreckend gewesen wäre. Wenn ich im Nachhinein daran denke, steigt ein komisches Gefühl in mir hoch. Ich wollte einfach nur nicht falsch sein.

Es geschieht leicht, dass Kinder sich an falschen Dingen aufhalten, wenn Sie sich nicht genügend eindeutig ausdrücken. Dabei kommt es auf klare Aussagen an – in einer für das Kind verständlichen Sprache. Ich habe ein Buch über die Ikone des amerikanischen Kinderfernsehens, Fred Rogers, gelesen, der schon in den 1970er Jahren viel Wert darauf legte, wie man mit Kindern sprach. Er überraschte seine Kollegen damit, dass er seinen Text immer wieder überarbeitete, bis er für die jüngsten Zuschauer perfekt war: Nichts durfte zweideutig, alles musste einfach und klar, wahr und positiv sein. Einmal unterbrach er die Aufzeichnung einer Sendung, weil einer der Schauspieler zu einer Puppe sagte: «Wein doch nicht!» Rogers vertrat ganz entschieden die Überzeugung, dass man niemals zu einem Kind sagen sollte, es dürfe nicht weinen. Er nahm die Sprache und das Gefühlsleben der Kinder ernst und achtete darauf, sie dort abzuholen, wo sie gerade waren. Das ist nicht immer einfach, aber es ist mit Sicherheit das Beste für das Kind.

Denken Sie daran, wenn Ihr Kind wieder einmal ruft «Mehr!», damit Sie etwas noch einmal sagen oder tun. Kinder sind darin anders als wir, sie lieben Wiederholungen. Für sie ist es großartig, etwas 15 Mal hintereinander zu machen. Sie brauchen das. Und sie lieben es, wenn Sie bei ihnen sind und sich auf sie einstellen.

Zwei Sprachen

Viele Kinder wachsen zweisprachig auf. Zwei Sprachen fließend und gleichwertig zu beherrschen, ist ein phantastisches Geschenk. Werden beide Sprachen von Anfang an gleichermaßen in der Familie verwendet, wird das Kind sie ohne besondere Anstrengung sprechen. Um diese Art von Zweisprachigkeit zu erreichen, müssen

DIE WÖRTER SPRUDELN WIE VON SELBST HERVOR. ZWISCHEN EINEM ALTER VON EINEINHALB UND ETWA SECHS JAHREN LERNT DAS KIND JEDEN TAG DURCHSCHNITTLICH NEUN NEUE WÖRTER HINZU.

> Spracherwerb gelingt am ehesten, wenn man mit dem Kind einen Dialog führt. Anfangs antwortet es noch nicht mit Worten, sondern mit einem Lächeln, mit Geräuschen und seiner Körpersprache. Schaffen Sie vom ersten Lächeln des Kindes an Raum für diesen kleinen Austausch und für die Erwiderung des Kindes. Das ist der beste Nährboden für die Sprachentwicklung - sie erwächst zwischen uns Menschen.

Sie in der Kommunikation mit Ihrem Kind beide Sprachen benutzen – beim Sprechen, Vorsingen, Vorlesen, Spielen und Trösten. Echte Zweisprachigkeit verlangt den Eltern einiges ab.

Lernt das Kind zunächst die eine und danach erst die andere Sprache, stellt sich die Situation etwas anders dar. Das Kind wird mit entsprechender Anregung die zweite Sprache lernen, die dann allerdings anders funktioniert. In diesem Fall wird es in der einen Sprache träumen und denken, während es die andere Sprache gut spricht. Zwischen den beiden Sprachen zu wechseln, setzt eine aktive Handlung voraus, was im Alltag höhere Anforderungen an das Kind stellt.

Keine Sprache gibt es gratis. Zweisprachigkeit bedeutet immer auch eine doppelte Anstrengung. Entweder von Seiten der Erwachsenen oder vom Kind. Aber wenn in der Familie die Voraussetzungen dafür gegeben sind oder wenn Zweisprachigkeit erforderlich ist, verschafft sie dem Kind einen echten Vorteil im Leben. Mehrere Sprachen zu beherrschen, öffnet auch mehr Türen.

WUNDERBARE SELBSTÜBERSCHÄTZUNG

Das Kind robbt über den Fußboden, es krabbelt, zieht sich hoch und steht, geht und läuft. Und irgendwann wird Ihnen auffallen, dass Ihr Kind einen wunderbaren, eingebauten «Fehler» hat. Kinder von knapp zwei Jahren überschätzen ihre Fähigkeiten. Sie glauben, hüpfen zu können, obwohl ihre Füße den Boden nicht verlassen. Sie glauben, das Gleichgewicht zu haben, um auf schmalen Kanten balancieren zu können, sie laufen steile Abhänge hinunter und versuchen Abstände zu überwinden, die für sie noch unüberwindbar sind. Erst im Alter von vier Jahren kann ein Kind wie ein Erwachsener gehen und laufen, über Hindernisse springen und Treppen steigen, ohne sich festzuhalten. Bis dahin aber hat alles, was die Kinder tun, etwas von Risikosport an sich. Ihre Selbstüberschätzung ist ganz einfach phantastisch – und es gibt sie aus einem guten Grund.

Sie bringt die Kinder dazu, Dinge auszuprobieren, die sie sonst vernachlässigt hätten, sie ist ein starker und unabdingbarer Treibstoff für ihre Entwicklung. Kinder müssen tollkühn sein – was sie leider auch anfälliger für Unfälle macht. Ich werde nie den Anblick meines ältesten Sohnes vergessen, der mit

18 Monaten gerade das Laufen gelernt hatte. Ohne schon sicher das Gleichgewicht halten zu können, preschte er mit vorgebeugtem Oberkörper immer schneller vorwärts, und ich hatte keine Chance, ihn einzuholen, musste ihn klitschnass aus einem Springbrunnen herausfischen. Ich hatte damals Glück, da ich gesehen hatte, was vor sich ging, aber es war dennoch eine nachdrückliche Erinnerung daran, dass man Kinder in diesem Alter nicht aus den Augen lassen darf.

Ihre Kinder werden weiter vorwärtsstreben, Neues ausprobieren und werden von der Begeisterung über ihre Erfolge mitgerissen – und das sollten Sie zulassen. Sie brauchen diesen Rausch und das Gefühl: «Ich kann alles schaffen.»

Ihre Aufgabe als Eltern bleibt es aber, die Kinder vor den größten Gefahren zu bewahren. Sie müssen sich darüber im Klaren sein, wie schlecht Ihr Kind in diesem Alter seine Fähigkeiten einschätzen kann.

FAMILIE

Jedes Kind, das Sie bekommen, macht etwas mit Ihnen. Es weitet die Herzen, wirft Ihre Tage und Pläne über den Haufen, verändert Ihre Familie. Einige Kinder fügen sich reibungslos ein, andere stellen Sie vor Probleme, die Sie nicht vorhersehen konnten. Wie viele Kinder wir bekommen, wie wir sie bekommen und wie ältere Geschwister mit dem neuen Menschen umgehen, spielt eine Rolle dabei, wie wir uns als Familie entwickeln.

«Wir» ist übrigens das schönste Wort, das ich kenne! Eine Familie zu sein, heißt ein *Wir* zu sein.

Familiengeheimnisse

Alle Familien haben ihre kleinen oder großen Geheimnisse. Ich kenne eine Familie in einem versteckten Ort auf dem Land, die ein Geheimnis bewahrt: Ihr Kind stammt von einer indischen Leihmutter. Dass sie ihren Kinderwunsch nicht auf andere Weise erfüllen konnten, belastet die Eltern. Sie möchten nicht, dass jemand davon weiß, weil die Leihmutterschaft in Indien später verboten wurde. Aber soll das Kind davon erfahren?

Erwachsene, die mir ihre belastenden Geheimnisse anvertrauen, fügen oft gleich noch hinzu: «Die Kinder wissen davon aber nichts.» Und doch bin ich in den zwanzig Jahren meiner Laufbahn noch nie einem Kind begegnet, das völlig ahnungslos gewesen wäre. Irgendetwas haben sie immer bemerkt, vielleicht auch missverstanden – Kinder verfügen über feine Antennen und spüren meist, wenn etwas nicht so ist, wie es sein soll. Außerdem sind Kinder in diesem Punkt genauso wie wir Erwachsenen: Sie werden nicht gern hintergangen. Vor allem nicht von ihrer Familie.

Irgendwann möchte jeder wissen, woher er kommt, etwas über seine Geschichte, seine Abstammung erfahren. Je früher das ein Bestandteil der Familiengeschichte ist, desto besser lässt sich damit umgehen. Wenn in einer Familie über zu vieles nicht gesprochen werden darf, fühlen sich die Kinder nicht frei. Wird um wichtige Familienangelegenheiten ein Geheimnis gemacht, entsteht Unsicherheit. Andererseits sollten Kinder auch beschützt und nicht in die Probleme und das Leid der Eltern hineingezogen werden. Sie brauchen Eltern, die die Führung übernehmen und ihnen das erklären, was sie verstehen können, womit sie umgehen und womit sie leben können. Ich rate deshalb dazu, Kindern von Anfang an die Wahrheit häppchenweise zu erzählen – dabei

> **Dürfen Geschwister, die nur um weniges älter sind, auf ein kleines Baby aufpassen?**
> Die Antwort lautet Nein. Dafür ist ein Kind unter zwei Jahren zu zerbrechlich, zu unberechenbar und zu anstrengend im Umgang. Nur über 12 Jahre alte Kinder sollten auf ein kleines Kind aufpassen, und das auch nur für kurze Zeit. Kinder und Jugendliche können schlecht mit Frustration und Verantwortung umgehen. Zudem könnte ein Dreijähriger die Gelegenheit nutzen und dem Eindringling Schläge versetzen.

jedoch immer mit Rücksicht auf die Reaktionen des Kindes, seine Gedanken und Fragen.

Die Geschichte zum «Da komme ich her» lautet zwar etwas anders, wurde ein Kind von einer Leihmutter geboren oder beispielsweise adoptiert, aber es ist nichtsdestotrotz eine schöne Geschichte. Auf eine Wahrheit vertrauen zu können, ist eine Voraussetzung dafür, auf sich selbst vertrauen zu können.

Eifersucht unter Geschwistern

Für ältere Geschwister bedeutet ein neues Baby immer auch eine Bedrohung. Es ist daher klug, sie vorsichtig darauf vorzubereiten. Sie brauchen nicht ständig über das Baby zu sprechen, aber Sie könnten zum Beispiel gemeinsam den Bauch befühlen, ein Buch über kleine Geschwister lesen und sich darüber freuen, dass die Familie bald Zuwachs bekommt.

Einem Kind unter vier Jahren fällt es schwer, sich etwas so Abstraktes vorzustellen wie ein ungeborenes Kind. Seine Phantasie ist sicher anders als die Realität. Es wird über das neue Geschwisterchen überrascht sein. Alles, was Sie tun können, ist, ihm eine Sprache dafür zu vermitteln, sodass es leichter Worte findet, wenn es so weit ist.

Anfangs ist ein Baby für das ältere Kind noch keine Bedrohung. Ich werde nie vergessen, wie ich mit meinem neugeborenen Sohn aus dem Krankenhaus kam und sein Bruder mich mit großen Augen ansah: «Ist das alles? Der kann ja gar nichts!» Zwar konnte der kleine Bruder rülpsen, aber davon abgesehen war er eine große Enttäuschung.

In den ersten Wochen sollte man darauf achten, älteren Geschwistern genügend Zeit zu lassen. Am besten halten Sie an den gewohnten Routinen fest, die Kinder gehen in den Kindergarten, besuchen allein ihre Großeltern, was immer sie gewohnt sind. Nutzen Sie den Hin- und Rückweg als Zeit zu zweit, um zu reden und einander nah zu sein.

Die eigentliche Geschwisterrivalität entsteht erst, wenn das jüngste Kind so groß ist, dass es nach mehr Raum und Aufmerksamkeit verlangt, also ab einem Alter von zwei Jahren. In den ersten 24 Monaten sollte man daher dem älteren Kind das Schöne an einer vergrößerten Familie, an dem *Wir* nahebringen. Kinder lieben Gemeinschaft, was vielleicht der Hauptgrund dafür ist, dass Geschwister Freude und Glück in die Familien tragen.

Zwei - drei - vier?

Zwillinge sind selten. Für die 1,5 Prozent der Mütter, die zwei Babys statt einem bekommen, gestaltet sich der Alltag deutlich anders. Die Geburt ist meist schwieriger, die Schwangerschaft belastender, und der Gedanke, mit zwei oder sogar drei Kindern nach Hause zu kommen, ist erdrückend.

Trotzdem kommen die meisten Eltern von Zwillingen gut zurecht. Sie lernen, den Alltag zu meistern, und lieben ihre zwei kleinen Wunder trotz aller Belastungen.

Sie haben kein *Zwillingspaar* bekommen, sondern *zwei Kinder*, zu denen Sie jeweils den richtigen Zugang finden müssen. Das macht es gefühlt doppelt so anstrengend. Die ersten Jahre sind für Zwillingseltern hart, aber die Belohnung danach ist groß: Wenn die Kinder erst 3 bis 4 Jahre alt sind, wandelt sich der Alltag zu Hause, die Kinder haben immer einen passenden Spielkameraden und sind nie allein.

Ich rate werdenden Zwillingseltern, sich bei anderen, die das Gleiche erlebt haben, Unterstützung zu holen. Gute Tipps zu allen Themen von der Wahl des passenden Autos bis zum Stillen sind

Gold wert. Praktische Hilfe von anderen ist nicht nur doppelt so wichtig, sondern fundamental. Mütter von Zwillingen leiden häufiger unter Wochenbettdepression, für Entlastung und hilfreiche Lösungen zu sorgen, ist daher besonders wichtig. Ihnen hilft auch das Wissen, dass sie in einigen Jahren so wie «alle anderen Familien» sein werden. Es dauert eben nur ein wenig länger.

Das ersehnte Geschwisterkind

Heutzutage haben viele Familien eine etwas längere Geschichte. Vielleicht hat einer der Eltern oder haben beide schon Kinder aus einer früheren Partnerschaft. Dann kann ein gemeinsames Kind das Glück bedeuten, das Sie nun endlich zu einer «kompletten» Familie macht. Aber es stellt auch große Anforderungen an das familiäre Gleichgewicht.

Seit einiger Zeit kommt ein fabelhafter 14-Jähriger in meine Praxis. Er war immer ein freundliches und aufmerksames Schulkind gewesen, geriet dann aber mit den Erwachsenen und seinen Mitschülern in Konflikt. «Nur das übliche Teenagergehabe», dachten seine Lehrer, aber die Verhaltensauffälligkeiten des Jungen wurden immer größer und gingen schließlich so weit, wie es niemand für möglich gehalten hätte. Die Ursache dafür war ziemlich simpel, obwohl er selbst diese noch nicht benennen konnte. Im Lauf des vergangenen Jahres hatten sowohl seine Mutter als auch sein Vater Kinder mit neuen Partnern bekommen. Der Junge, der immer ein Einzelkind gewesen war und im Mittelpunkt gestanden hatte, fühlte sich überflüssig. Er war immer der Wichtigste gewesen und war jetzt für niemanden mehr wichtig. Er hatte auch das Gefühl, dass die neuen Partner, die er mochte und mit denen er gut ausgekommen war, ihre eigenen Kinder ihm vorzogen. Das sind weitreichende und belastende Gedanken für einen Jungen dieses Alters.

Vergessen Sie darum auch in Ihrer Freude über ein neues Geschwisterkind niemals, Ihre älteren Kinder wahrzunehmen. Sorgen Sie dafür, dass diese auch weiterhin Exklusivzeit mit Ihnen haben und dass der neue Partner sein Bonuskind nicht vergisst. Um zu verhindern, dass ein Kind sich als Außenseiter fühlt, kommt es auf ein ausgewogenes familiäres Gleichgewicht an.

MIT KINDERN VERREISEN

Haben Sie genügend Zeit und Geld, um mit Ihrem kleinen Kind zu verreisen, kann das ein schönes Erlebnis für Sie alle werden. Der Urlaub wird allerdings anders werden, als Sie ihn ohne Kind kannten. In den ersten sieben Monaten kommt das Kind mit Ortswechseln gut zurecht und nimmt sie kaum zur Kenntnis, solange seine Eltern bei ihm sind. Später reagiert es stärker auf Veränderungen, neue Geräusche und Gerüche sowie neue Menschen. Es braucht häufig länger, um an einem neuen Ort zur Ruhe zu kommen und seinen Rhythmus wiederzufinden. Als Faustregel für das Reisen mit kleinen Kindern gilt daher, die Anzahl der Ortswechsel möglichst gering zu halten. Man sollte überall mindestens drei Nächte lang bleiben, um dem Kind so Gelegenheit zu geben, sich an die neue Umgebung zu gewöhnen und sich sicher zu fühlen, bevor man weiterreist.

• Denken Sie vor der Reise an die notwendigen Impfungen. Mit nicht geimpften Kindern zu reisen birgt große Risiken. Wenn das Kind noch nicht alle Impfungen erhalten hat, suchen Sie das Gespräch mit dem Kinderarzt, damit Sie das Risiko einschätzen können. Im Ausland plötzlich mit einem Kind mit Keuchhusten oder Masern dazustehen, ist kein

Vergnügen. Erkundigen Sie sich auch nach dem nächstgelegenen Arzt oder der Notaufnahme an Ihrem geplanten Reiseziel und halten Sie deren Telefonnummern griffbereit, damit Sie im Ernstfall nicht erst danach suchen müssen. Dann können Sie sich entspannen und Ihren Urlaub genießen.

• Nehmen Sie Dinge mit, die Ihrem Kind vertraut sind, zum Beispiel sein Essen. Vielleicht gelingt es Ihnen, das Kind während der Reise neue Nahrungsmittel ausprobieren zu lassen, aber es kann auch zu viel Neues werden. Haben Sie einen ausreichenden Vorrat an Essen dabei, das Ihr Kind mag. Damit ersparen Sie sich Erschöpfung und Gequengel, die sich ganz leicht vermeiden ließen. Auch einige Lieblingsspiele und Bücher sollten sich im Gepäck befinden. Alles, was das Kind kennt, vermittelt Sicherheit.

• Packen Sie vorausschauend. Auch die freiesten Geister wissen gute Planung zu schätzen. Selten zahlt sich das so aus wie auf Reisen, wo ein Lätzchen, Windeln, Feuchttücher, eine Tüte Rosinen, ein Zeichenblock oder andere nützliche Dinge sich als unschätzbar erweisen können.

• Planen Sie keine Reise, die Ihren schwer erkämpften Tagesrhythmus zu sehr stört. In andere Zeitzonen zu reisen ist für Kinder und Erwachsene besonders anstrengend. Auch Abflugzeiten, die mit den üblichen Schlafenszeiten des Kindes kollidieren, können der Familie viel abverlangen. Denken Sie schon bei der Planung der Reise an die Bedürfnisse des Kindes.

• Seien Sie darauf gefasst, dass eine Reise für ein Kind strapaziös ist. Sie als Erwachsener sollten ausgeruht und darauf vorbereitet sein, dass

Ihr Kind Sie eventuell mehr braucht als zu Hause und dass es anstrengend werden kann, im Chaos von Flügen, Zügen, Koffern und Kinderwagen die gute Laune der Familie aufrechtzuerhalten. Unterstützen Sie sich gegenseitig. Machen Sie das Beste daraus.

Wenn Essen, Schlaf und Gesundheit mitspielen, wird eine Reise zu einem schönen Erlebnis, das Ihre Bindung noch stärker festigen kann. Gemeinsam unterwegs zu sein macht etwas mit einem.

Mit Erwachsenen genauso wie mit Kindern.

SOZIALE MEDIEN

Das Kind muss Ihnen ins Gesicht sehen können, braucht Blickkontakt. Es muss Ihre Reaktion sehen, wenn die Maschinen auf der Baustelle arbeiten, wenn eine lärmende Straßenbahn vorüberfährt oder ein Polizeiwagen mit Sirene die Straße entlangrast. Das Kind muss Sie lächeln sehen, wenn Sie sich über etwas freuen, muss sehen, wie Sie neuen Menschen begegnen, mit Ihren Mitmenschen umgehen. Sie sind sozusagen der Kompass des Kindes und werden bald feststellen, dass Ihr Kind sie ansehen wird, wenn es denkt: «Was ist da los?» Das Kind lernt, wie die Welt beschaffen ist, indem es Ihre Reaktionen studiert.

Das ist auch ein Grund dafür, weshalb es vorteilhaft ist, Kinder dieses Alters im Kinderwagen so hinzusetzen, dass sie Sie ansehen können. Je mehr sie einander ins Gesicht sehen können, umso besser.

Aus eben diesem Grund stellen Mobiltelefone auch häufig ein

Problem dar. Sie lassen uns das Gesicht abwenden, stehlen unsere Aufmerksamkeit und unterbrechen die Kommunikation mit dem Kind. Es ist das Bild unserer Zeit: Mütter, die ihr Kind mit ausdruckslosem Gesicht in die Babywippe setzen, den Blick auf eine Nachrichtenseite im Smartphone gerichtet, Väter, die den Kinderwagen vor sich herschieben, während sie auf ihr Telefon starren. Das Kind ist aber darauf angewiesen, dass Sie seine Entdeckungsreise *mit ihm* erleben, dass Sie gemeinsam das Weltbewegende im scheinbar Unwichtigen entdecken. Wenn Sie diese Momente nicht mit ihm teilen und ganz präsent sind, wird es sich einsam fühlen. Alles, was Sie miteinander tun, macht es glücklich. Für das kleine Kind in der Wippe ist es wichtig, dass Sie die friedvolle Erfahrung, vor- und zurückgeschaukelt zu werden, zusammen erleben, es braucht niemanden, der es nur in Schwingung versetzt.

Ich finde durchaus selbst großen Gefallen an den Möglichkeiten, die uns die digitalen Medien eröffnen. Dass Handys aber unsere Aufmerksamkeit abziehen, ist eine Tatsache, wie auch, dass es die Eltern viel kostet, sie beiseitezulegen.

Kinder aber sind auf Kontakt angewiesen und kleine Kinder ganz besonders, um sich sicher zu fühlen.

Sie sollten mit Ihrem Kind in der wirklichen Welt zugegen sein.

> Ganz auf digitale Medien zu verzichten, macht in der Gesellschaft, in der wir heute leben, keinen Sinn. Kinder wachsen in einer Welt auf, in der sie den Umgang und die Möglichkeiten, die digitale Medien bieten, kennen müssen. Sie und Ihr Kind sollten sich daran beteiligen – aber in allererster Hinsicht sollten Sie sich auf Ihr Kind konzentrieren.

Ein mittelmäßiges Kindermädchen

Eine der häufigsten Elternfragen an mich lautet, wie viel Zeit die Kinder in welchem Alter vor dem Bildschirm verbringen dürfen. Viele Fernsehsendungen und Apps, die in den vergangenen Jahren für Kinder entwickelt wurden, sind gut gemacht – sie kommunizieren auf die richtige Weise mit kleinen Kindern: in gemächlichem Tempo, mit vielen Wiederholungen und mit großer Klarheit zu Themen, in denen die Kleinen sich wiedererkennen können. Kinder profitieren durchaus von ein wenig Bildschirmzeit, aber für uns Eltern kann es sehr verlockend sein, diese Zeit für uns als Freizeit zu nutzen oder um länger im Bett bleiben zu können, sind die Kinder schon vor sechs Uhr morgens wach – und dann nimmt der Konsum rasch überhand.

Aus diesem Grund ist es besonders wichtig, dass Sie die Minuten vorm Fernseher oder iPad sinnvoll nutzen, fürs Frühstückmachen oder Windelnwechseln – und diesen kurzen Moment zu etwas Besonderem machen. Wenn Sie vollkommen erschöpft sind, ist es viel empfehlenswerter, gemeinsam mit dem Kind ein Nickerchen auf dem Sofa zu machen, als sich wieder allein ins Bett zu legen.

Wirklicher Kontakt

Man vergisst leicht, dass die Kontaktmöglichkeiten, die uns die sozialen Medien eröffnen, keinen echten menschlichen Kontakt ersetzen können. Es ist etwas vollkommen anderes, auf dem Schoß der Großmutter zu sitzen, in ihrem Wohnzimmer umherzulaufen und ihr beim Kochen zu helfen, als mittels eines Bildschirms miteinander zu kommunizieren. Das wirkliche Leben riecht anders, schmeckt anders und fühlt sich anders an – und Kindern tut es gut, wenn wir den Großeltern oder Freunden einen Besuch abstatten, sie müssen lernen, wie wir Erwachsenen miteinander Umgang pflegen. Sie müssen uns reden, diskutieren, lachen, essen – kurzum, Zeit miteinander verbringen sehen.

Und sie müssen nicht zuletzt wissen, was es heißt, emotionale Bindungen zu anderen Menschen außerhalb ihres vertrauten Umfelds zu knüpfen.

Ich befürchte, dass diese phantastische Technologie zur Vereinsamung von Familien mit Kindern führt. Alle sind gewissermaßen ständig auf dem Laufenden, was gerade in Ihrer Familie vor sich geht, alle können die ersten Schritte oder den ersten Zahn miterleben, alle erhalten einen Einblick in die flüchtigen Momente Ihres Alltags – aber ohne echte, menschliche Begegnungen reicht das nicht aus. Das Kind muss die anderen wichtigen Menschen in Ihrem Leben auch kennenlernen.

Was darf ich teilen?

Es ist schön, mit der Familie und engen Freunden Fotos zu teilen, doch es empfiehlt sich, das zu begrenzen – sowohl aus Rücksicht auf Sie selbst als auch auf das Kind.

Als grundsätzliche Regel kann gelten, dass Kinder, die gerade einem Gefühlstumult ausgesetzt sind, die traurig oder zutiefst verzweifelt sind, niemals fotografiert werden und derartige Fotos auch niemals der Öffentlichkeit im Netz zugänglich gemacht werden dürfen. Hauptsächlich deshalb, weil Sie in diesem Fall mit der Situation, in der sich die Kinder gerade befinden, nicht adäquat umgehen – das Kind hat nichts davon, dass Sie den besten Kamerawinkel für eine Aufnahme gefunden haben, es braucht Ihre Hilfe und Nähe. Aber auch deshalb, weil es nicht sehr respektvoll ist, den Gefühlswirrwarr Ihres Kindes zur Unterhaltung für andere zu machen.

Posten Sie schöne Fotos Ihres Kindes, weil Sie stolz auf es sind, ist das völlig in Ordnung. Trotzdem raubt es Ihnen kostbare gemeinsame Zeit und dem Kind Ihre Aufmerksamkeit.

Für ein online gestelltes Foto von Ihrem Sohn mit einer versorgten Schürfwunde mögen Sie viele Likes bekommen – aber von den falschen Leuten. Damit richten Sie Ihre Aufmerksamkeit weg vom Zentrum auf den entfernten Bekanntschaftskreis.

Der Sohn mit der schmerzenden Schürfwunde fühlt sich verletzlich, er braucht Sie jetzt, dass Sie für ihn da und bei ihm sind.

Die zahlreichen Möglichkeiten, von all diesen fremden Menschen im Netz gesehen zu werden, führen uns weg von den Liebsten in unserer Nähe, wo wir wirklich gebraucht werden.

WAS TUN BEI BESONDEREN SCHWIERIGKEITEN?

Manchmal ist das Leben eine Sackgasse. Sie befolgen Ratschläge, aber nichts hilft. Sie rennen gegen Wände, aber nichts rührt sich. Vielleicht stellen Sie beim Lesen meines Buches fest, dass es unmöglich für Sie geschrieben sein kann, dass es von anderen Eltern und ganz anderen Kindern handelt.

Gelegentlich gestalten sich die Dinge nicht nur schwierig, sondern außerordentlich schwierig. Manche Kinder verlangen Ihren Eltern weitaus mehr ab als andere, manche Eltern brauchen länger, um in die Elternrolle hineinzufinden.

Und Sie sind der Kapitän und müssen Ihre Familie durch stürmische Zeiten lotsen. Egal, ob etwas mit Ihrem Kind oder etwas mit Ihnen ist – immer sind Sie es, der am Ruder steht.

Die Verantwortung der Eltern

«Ist das normal?», «Stimmt etwas mit der Atmung nicht?», «Müsste sie nicht schon längst laufen?», «Geben wir ihm genügend Anregungen?», «Wird das jetzt immer so sein?». Kinder bedeuten Sorgen, und im Lauf meiner zwanzigjährigen Berufserfahrung habe ich noch keine Eltern erlebt, die diese nicht gehabt hätten. Meistens bekommen Eltern dann jedoch nur zu hören: «Das ist ganz normal. Das wird schon wieder.» Das ist für viele Menschen im Gesundheitswesen zu einem Automatismus geworden – besorgten Eltern stets mit einem beruhigenden Lächeln zu begegnen. Doch was ist, wenn sie sich irren?

Anfängliche Entwicklungsverzögerungen bleiben für circa 80 Prozent der Kinder folgenlos. Mit der Zeit werden sie den Vorsprung der anderen aufgeholt haben, es wird keine Auswirkungen auf ihr späteres Leben haben. Dennoch gibt es auch begründete Sorgen. Und die Eltern bekommen es oft als Erste mit, ahnen, dass etwas mit ihrem Kind nicht ganz stimmt. Brauchen Kinder Hilfe, sind sie vollkommen abhängig davon, dass ihre Eltern die Sache in die Hand nehmen. Sind Sie der Ansicht, dass Ihr Kind etwas Bestimmtes braucht, müssen Sie Fragen stellen, den Dingen stärker auf den Grund gehen. Auch das bedeutet, die Verantwortung für ein Kind zu haben.

«Eine schwierige Mutter»

Ich weiß, was es heißt, ein Kind zu haben, mit dem etwas nicht zu stimmen scheint, dabei aber nicht zu wissen, was dahintersteckt.

Einer meiner Söhne zum Beispiel war nach dem Kindergarten immer völlig aufgelöst. Er war geradezu außer sich, war zu nichts mehr zu überreden, wollte nichts mehr tun. Als ich den Erziehern gegenüber unsere Besorgnis äußerte, sagten diese, dass es keinen Grund zur Sorge gebe. «Hier bei uns ist er das liebste Kind, das man sich vorstellen kann», sagten sie. Kam er aber heim, war er völlig erschöpft.

Auf Dauer ist es sehr anstrengend, ein Kind zu haben, das nicht ordnungsgemäß funktioniert – dem standzuhalten kann einen so mürbe machen, dass man letztlich nicht mehr die Kraft aufbringt, dringend benötigte Hilfe zu suchen.

Mein Sohn weigerte sich, Haferbrei zu essen, er rührte keine Brötchen oder Pfannkuchen an wie andere Kinder, die diese verschlangen. In meiner Verzweiflung gab ich ihm Schokolade, um ihm zu demonstrieren, dass Essen etwas Schönes sein kann – die aß er. Und mit der Zeit fand ich durch ausreichendes Ausprobieren heraus, dass gekochter Reis und Eiscreme seine Leibspeisen waren. Er nahm praktisch nichts anderes zu sich.

Seine Eigenarten blieben bestehen, und wir gewöhnten uns daran. Als ich das Thema bei Ärzten anschnitt, spielten sie die Sache herunter – manche Kinder seien nun einmal beim Essen etwas eigen. Erst als mein Sohn schon beinahe vier Jahre alt war, sagte uns ein Arzt, dass es Wachstumsschwierigkeiten gebe, und er stellte einen Zusammenhang mit den Essgewohnheiten meines Sohnes her. Es brauchte nur eine Blutprobe für die Zöliakie-Diagnose.

Im Nachhinein denke ich, dass wir uns zu schnell mit den beruhigenden Worten der Fachleute abgefunden hatten. Wir hatten schließlich selbst gemerkt, dass etwas nicht so war, wie es sein sollte. Aber ich wollte keine «schwierige Mutter» sein. Es kam zu einem guten Ende, weil jemand die Probleme unseres Sohnes erkannt hat. Ich aber habe etwas daraus gelernt: Besorgten Eltern mit einer Standardantwort zu begegnen, ist nicht immer die beste Idee.

Trauen Sie sich, um Hilfe zu bitten. Haben Sie den Mut, Fragen zu stellen. Immer und immer wieder – zumindest, wenn Sie das Gefühl haben, dass etwas nicht ganz in Ordnung ist.

Frühgeburten

Es gibt Kinder, die das Licht der Welt erblicken, bevor sie dafür bereit sind. Heutzutage überleben zu früh geborene Kinder nicht nur, sie entwickeln sich gut, auch wenn sie viele Wochen zu früh kamen. Das ist ein Wunder, verlangt den Eltern aber auch sehr viel ab: Es bedeutet wochen- und monatelanges Hoffen und Bangen auf der Intensivstation, es bedeutet, zahlreiche Ängste auszustehen, was nun werden soll, und die Furcht vor irreparablen Schädigungen, die vielleicht erst später zutage treten oder bereits vorhanden sind. Die Organsysteme von Frühchen sind noch nicht voll ausgereift, und sie liegen in ihrer körperlichen und geistigen Entwicklung weit hinter termingemäß geborenen Kindern zurück. Bewahren Sie sich Hoffnung, bewahren Sie Nähe und Hautkontakt zum zu früh geborenen Kind. Die meisten Schwierigkeiten wachsen sich mit den Jahren aus, obwohl Sie noch lange Zeit feststellen werden, dass Ihr Kind zwei Geburtstage hat – den Tag seiner Geburt und den seines Stichtages. Behalten Sie das im Hinterkopf und stellen Sie keine Vergleiche mit Gleichaltrigen an, sodass Sie über Ihr Kind enttäuscht sind. Sie haben ein Kind, das ein wahres Wunder ist – und das noch lange besonders viel Zeit braucht.

Säuglingskoliken

Welche Ursache genau hinter Säuglingskoliken steckt, wissen wir nicht, Tatsache aber ist, dass manche Kinder größere Schwierigkeiten als andere mit einer geregelten Verdauung haben. Alle Eltern, deren Kind unter Säuglingskoliken gelitten hat, wissen, wie anstrengend das sein kann. Das exzessive Schreien beginnt meistens ein paar Tage nach der Geburt und kann über Monate anhalten. Wir kennen darüber hinaus noch wenige Gegenmittel, außer das Kind zu wiegen, es herumzutragen, es an unserem Körper zu halten und es zu stillen. Es gibt viele wohlmeinende Ratschläge zu dem Thema, aber keinen, der besonders erfolgversprechend ist, und garantiert keinen, der etwas für alle Betroffenen wäre.

Es ist furchtbar, kann man als Eltern keinen richtigen Kontakt zu seinem Kind herstellen und ihm keine Hilfe sein. Das Kind wird schreien, was man auch tut, und man selbst ist irgendwann vollkommen ausgelaugt. Zum Trost kann ich nur sagen: Es geht vorbei.

Wenn es Ihnen auch so ergeht, sollten Sie alle erdenkliche Unterstützung und Entlastung mobilisieren, die in Ihrem Umfeld greifbar ist. Kinder mit Säuglingskoliken sind stärker als andere der Gefahr ausgesetzt, geschüttelt, geschlagen und so hart gedrückt zu werden, dass sie ernsthafte Verletzungen davontragen können. Das unaufhörliche Schreien ist so zermürbend, dass Sie riskieren, dem Kind bleibende Schäden zuzufügen, wenn Sie nicht Ruhe und Vernunft bewahren. Das Baby ist völlig unschuldig, es kann nichts für seine Verdauungsprobleme. Ihnen aber kommt die besondere Verantwortung zu, auch in diesen schwierigen Zeiten dem Kind all die Liebe und Geborgenheit zu geben, die es braucht.

Eines Tages wird es ebenso schnell vorbei sein, wie es gekommen ist. Das Kind ist wie alle anderen auch, es bleiben keine Spuren zurück von den Schwierigkeiten, die es hat überwinden müssen. Erst jetzt wird Ihr Kind gewissermaßen es selbst. Die Koliken hatten es zu einem anderen Menschen gemacht. Säuglingskoliken beeinträchtigen die emotionale Bindung zwischen Eltern und Kind, die sich erst entwickeln muss, und gerade das ist eine der größten Herausforderungen, vor die Eltern gestellt werden.

Familien, die diese Zeit durchstehen, hätten eigentlich eine Medaille verdient. Es wird der Tag kommen, an dem sich die Darmtätigkeit eingespielt hat – bis dahin können Sie nur Ihr Bestes geben.

Kinder, die mit einer Behinderung geboren werden

Schwangerschaft und Geburt waren noch nie so risikolos wie heute. Dennoch gibt es keine Garantien. Manche Kinder kommen mit besonderen Schwierigkeiten und besonderen Bedürfnissen auf die Welt. Die Eltern des Kindes können schon im Voraus – ab dem ersten Ultraschall – wissen, was sie erwartet, oder die Erkenntnis, dass etwas anders ist, etwas nicht stimmt, kann jäh über sie hereinbrechen.

Wie auch immer die Geschichte aussieht: Ihr Kind wird immer noch Ihr Kind sein – und Sie als Familie werden künftig mit der besonderen Belastung leben müssen.

Mit dem Kummer darüber, kein «gewöhnliches» Kind bekommen zu haben, müssen Sie sich auseinandersetzen, bevor Sie sich über Ihr Kind freuen können. Und es kann viele Jahre dauern, sich an dieses Leben zu gewöhnen, wie es sich jetzt in Ihrer Familie zuträgt.

Familien, die dergleichen nicht am eigenen Leib erfahren haben, fällt es schwer, den Kummer, die Freude und die Angst nachzuvollziehen, die mit einem Kind einhergehen, das besonderer Aufmerksamkeit bedarf. Suchen Sie also Unterstützung bei anderen, die das Gleiche erlebt haben, und seien Sie nicht zu enttäuscht, wenn viele nur schlecht mit einer solchen Situation umgehen können. Es kommt nur darauf an, dass Sie das schaffen – gehen Sie die Sache Schritt für Schritt an, bis Sie zu Experten für Ihr Kind und für die Situation geworden sind, in der die Familie sich jetzt befindet.

EINE LISTE FÜR BESONDERS IN ANSPRUCH GENOMMENE ELTERN VON KLEINKINDERN

1. Kinder, die Sorgen mit sich bringen. Es gibt viele Ursachen dafür, weshalb der Start ins Leben anders verläuft als erwartet. Manche Kinder bringen besondere Sorgen mit sich – stellen das eigene Leben auf den Kopf oder lassen ganz neue Ängste aufkommen. Dann müssen Sie darüber reden – immer und immer wieder –, um zu begreifen und Ihr Leben, wie es sich von nun an darstellt, wieder ins Gleichgewicht zu bringen. Finden Sie einen Menschen, der genügend Interesse und Geduld dafür aufbringt, oder suchen Sie sich Fachleute, die Ihnen helfen können.

2. Ihr Kind – Ihre Verantwortung. Auch wenn Sie viele Fachleute – verschiedene Ärzte oder Psychologen – zu Rate ziehen: Behalten Sie selbst immer den Überblick. Es geht um die Behandlung Ihres Kindes, und auch wenn es leicht ist, zu denken, dass jetzt andere Verantwortung für Ihr Kind übernehmen, sehen nur Sie allein das Ganze. Jeder Behandelnde betrachtet immer nur einen kleinen Ausschnitt davon, das, was ihn allein betrifft – Ihr Kind aber ist darauf angewiesen, dass Sie alles im Blick haben.

3. Nehmen Sie praktische Hilfe in Anspruch!
Manche Menschen können gut Hilfe annehmen, anderen wiederum fällt das schwer. Wenn Sie mit einem Kind Hilfe nötig haben, müssen Sie lernen, «danke, gern» zu sagen, wenn jemand für Sie mitkocht oder Sie fragt, ob er den neuen Schrank für Sie abholen soll. Üben Sie, Hilfe anzunehmen.

4. Andere werden Sie vergessen. Für Eltern stehen immer die eigenen Kinder im Zentrum des Interesses, und Sie werden rasch feststellen, dass Ihre Belange für andere irgendwann nicht mehr so interessant sind. Seien Sie nicht verletzt, sondern halten Sie lieber nach Freunden Ausschau, die beides im Blick haben.

5. Sehen Sie Ihrem Partner in die Augen. Eltern von Kindern mit Problemen werden es weitaus schwerer haben als andere. Die Chance, dass die Partnerschaft den Belastungen standhält, ist um einiges geringer als bei einer unproblematischen Ausgangssituation. Abhilfe verspricht da, wenn Sie sich darum bemühen, den Partner weiterhin wahrzunehmen: Finden Sie einige Momente im Alltag, in denen Sie Ihrem Partner mit einem Lächeln in die Augen sehen können.

6. Es wird besser. Was einem anfangs noch unüberwindbar erscheint, wird sich relativieren. Das Leben ist ein Ameisenhügel – wir reparieren, ordnen und machen das Beste aus allem, was uns widerfährt. Es ist schon erstaunlich, wozu wir Menschen fähig sind – Ihnen und Ihren Nächsten wird es viel besser ergehen, als Sie es im ersten Augenblick vielleicht für möglich halten.

Wochenbettdepression

Ich kenne Tina schon ihr ganzes Erwachsenenleben hindurch. Der Beginn ihrer Schwangerschaft katapultierte sie geradewegs zurück in ihre unglücklichen Teenagerjahre, aber später wurde alles besser und in den letzten Monaten vor der Geburt freute sie sich auf die bevorstehende Ankunft des Babys. Die Geburt selbst verlief problemlos, aber am dritten Tag nach der Entbindung erfasste Tina eine große Niedergeschlagenheit. Sie fühlte sich mit dem Kind allein, empfand die Verantwortung, die sie nun trug, als zu groß und hatte Angst, mit ihrem Sohn allein zu sein. Die Vorstellung, was alles schiefgehen könnte, war geradezu erdrückend und löste große Ängste bei ihr aus. Das führte dazu, dass sie ihren Partner anflehte, nicht mehr von ihrer Seite zu weichen, nicht mehr vor die Tür zu gehen, nicht zur Arbeit zu gehen, keine Freunde mehr zu treffen. Sie brauchte ihn so dringend, dass sie sich deshalb noch schlechter fühlte.

Das, was wir als «Wochenbettdepression» bezeichnen, hat verschiedene Seiten. Für einige ist es der überwältigende Umbruch, die Verantwortung für ein Kind zu tragen, für andere wiederum stehen die körperlichen und hormonellen Veränderungen im Vordergrund. Es kann im Prinzip jede treffen. Viele Frauen in meiner Praxis haben die Erfahrung gemacht, dass bei ihnen durch die Geburt Assoziationen an alte Erfahrungen geweckt wurden, weil die Wochenbettzeit von so starken Emotionen durchdrungen ist.

Jede Depression geht mit Angst einher – wenn es einem nicht gutgeht, hat man auch Angst davor, Dinge zu wagen. Und wenn es dazu kommt, haben Sie das Gefühl, das Leben hätte Ihnen immer weniger zu geben, was wiederum die Depression verstärkt. Das ist ein Teufelskreis, der einem bei einer Wochenbettdepression umso klarer vor Augen tritt: Für das Kind da zu sein, ist das Einzige, was zählt – und gerade dazu fühlt man sich nicht imstande.

Tina suchte mich nach der Geburt mehrere Monate lang auf. Ihr ging es darum, Kontrolle und Selbstbestimmung zurückzugewinnen, sie musste lernen, zusammen mit dem Kind auf sich selbst zu vertrauen – und sie musste ihrem Partner dabei behilflich sein, wieder neues Vertrauen in sie zu fassen.

Die Vorstellung, dass alle Eltern glücklich sein müssen, ist so verbreitet, dass es ein jeder von Ihnen erwartet. Gehören Sie zu einer der vielen Frauen, für die das Gefühl der Enttäuschung und der Leere aus irgendeinem Grund mehr überwiegt als eine überwältigende Freude, dann hat das etwas damit zu tun, dass der ganze Prozess an sich schwierig ist.

Wenn es auch Ihnen so ergehen sollte, hilft nur eines: mit jemandem das Gespräch zu suchen, der Ihre Gefühle versteht.

Dass eine Wochenbettdepression besondere Auswirkungen auf das Bonding zwischen Mutter und Kind hat, gehört zu den größten Problemen dabei. Erwachsenen gegenüber können Sie Ihren Zustand verbergen, können sich hinter Worten verstecken, aber Ihr Kind ist auf Ihre lebendige Mimik angewiesen – Ihre gesamte wechselseitige Kommunikation spielt sich darüber ab. Leiden Sie unter Depressionen, verstummen Sie gegenüber dem Kind – der Kontakt geht verloren.

Was auch immer Ihre düstere Stimmung verursacht haben mag, ich möchte Ihnen raten, immer auch Hilfe außerhalb der Partnerschaft zu suchen – und nicht aufzugeben, selbst wenn die Beziehung in die Brüche gehen sollte.

Ich kann Ihnen versprechen, dass alles besser wird. Ohne Hilfe kann das aber zu lange dauern und Eltern wie Kindern viel Leid zufügen.

Also seien Sie der Kapitän Ihrer Familie und nehmen Sie den Kampf gegen alle Widrigkeiten auf – Ihnen obliegt die Verantwortung, aber allein hat noch keiner ein Schiff aus einer Seenot herausgesteuert.

Das Singen von Wiegenliedern hilft immer, um dem Kind Nähe zu geben und es zu beruhigen, wenn es einschlafen soll. Ihre vertraute Stimme strahlt Vorhersehbarkeit aus, teilt ihm mit, dass es Nacht ist, dass es an der Zeit ist, den Tag gehen zu lassen. Viele empfinden es als ungewohnt, wieder zu singen, sich an Lieder zu erinnern, die man einst selbst gehört hat, es zu wagen, seine untrainierte Singstimme zu gebrauchen. Zu singen bedeutet, sich selbst und das Kind zu finden – durch etwas, was ihm hilft, was es zur Ruhe kommen lässt und ihm Melodien schenkt, die es irgendwann einmal seinem eigenen Nachwuchs vorsingen kann.

Sie werden mit den Liedern assoziiert werden, so wie Sie diejenigen damit assoziieren, die Ihnen diese Lieder früher vorgesungen haben.

Begeben Sie sich auf die Suche nach Ihrer Stimme und Ihrer Geschichte. Etwas Schöneres als das können Sie kaum weitergeben: dieses Band, das Ihre eigene Kindheit mit der Ihres Kindes verknüpft.

DAS WESEN
IHRES KINDES

«Wer bist du?», fragen wir schon, bevor du antworten kannst. Was für ein Mensch wirst du eines Tages sein? Wirst du das Rauschen der Birken im Frühlingswind mögen oder den Geruch von Jasmin im Schlosspark? Wirst du zu denen gehören, die beim Blick in den Himmel von einem Taumel angesichts der Unendlichkeit hinter allem erfasst werden, oder wirst du dich vielleicht ins Gras hinunterbeugen, die feuchte Erde unter deinen Händen spüren, den Duft des frischgemähten Grases einatmen und eine Art Frieden darin finden? Wirst du glücklich sein? Oder einsam? Wirst du lustige Reden schwingen oder das lieber andere tun lassen?

Wirst du mich auch noch als Teenager lieb haben?

Eltern bilden sich ziemlich rasch eine Meinung darüber, was für ein Typ Mensch das eigene Kind ist: «Er ist bescheiden», «Sie ist ein

Schelm», sagen wir vielleicht. Was von dem, was Sie heute in Ihrem Kind zu erkennen glauben, wird in zehn, zwanzig Jahren noch vorhanden sein? Was können Sie jetzt schon über sein Wesen wissen?

Unsere Persönlichkeit entwickelt sich fortlaufend während der gesamten Kindheit; die wesentlichen Züge aber werden in der Kindheit angelegt – all das, was uns ausmacht, was wir erben und was uns durch unsere Erlebnisse mitgegeben wird – durch den Trost, den wir erfahren, durch die Menschen, denen wir begegnen.

Eines der ersten Dinge, die Sie an Ihrem Kind werden erkennen können, ist, ob er oder sie dem Leben eher mit Vorsicht oder Offenheit begegnet. In den weiteren Jahren werden Sie dann mehr und mehr erfahren.

Um endgültig festzustellen, welches Wesen Ihr Kind einmal haben wird, ist es jetzt noch zu früh.

Eines aber sollten Sie wissen: Das Kind ist nur es selbst.

Wir Eltern dürfen uns währenddessen die Neugierde auf unser Kind bewahren. Kinder finden Vergnügen daran, uns zu zeigen, wer sie sind, während sie ins Leben hineinwachsen. Sind wir zu eifrig darauf bedacht, ihnen ein Etikett zu verpassen, eine Entscheidung darüber zu fällen, was für eine Art Kind wir bekommen haben, kann sie das daran hindern, sich zu entfalten.

In meiner Jugend haben wir Fotos in der Dunkelkammer entwickelt. Ich habe das Fotopapier in die Entwicklerflüssigkeit

gelegt und die Sekunden gezählt, bis die Bilder allmählich sichtbar wurden. Das war so spannend, dass ich das dabei empfundene Gefühl noch heute spüren kann: Was würde scharf, was unklar sein? Was hatte ich auf den Film bannen können und was war mir entgangen? Allmählich, ganz allmählich bekam ich die Antwort, und dieser Prozess war immer wieder schön.
Irgendetwas Überraschendes tauchte immer auf.

Kinder zu haben ist so, als stünde man in einer Dunkelkammer und würde Fotos entwickeln. Heute zähle ich nicht länger Sekunden, sondern Monate und Jahre. In einem Zeitraum von 20 Jahren wird sich herausstellen, wer Ihr Kind wirklich ist. In der Zwischenzeit müssen Sie sich mit den Nuancen begnügen, die zutage treten und womöglich auch wieder verschwinden. Kinder sind ebenso verschieden wie wir Erwachsene. Ihnen als Eltern bleibt nichts anderes übrig, als sich auf Ihr Kind, so wie es ist und in seiner jeweiligen Entwicklungsstufe, einzustellen. Kinder gleich zu erziehen, ist nicht möglich. Stattdessen müssen Sie dem Kind das geben, was es braucht – den Menschen, der im Werden ist, beachten, den Menschen, der aus dem blanken Nichts zu etwas Farbenfrohem und ganz Einzigartigem wird.

Zu Ihrem Kind – einem Wunder.

EIN DANKESCHÖN

So viele Menschen haben mir all die Jahre hindurch Wissen vermittelt, mich inspiriert und mich bestärkt. Bei der Arbeit an diesem Buch ist mir jedoch klar geworden, dass ich einigen von ihnen besonders zu danken habe. Der dänische Psychologe und Familientherapeut Jesper Juul hat dem Fachgebiet eine erfrischende Offenheit und neue Klarheit gegeben, die ich für meine Arbeit mitzunehmen versucht habe. Dr. Daniel Siegel hat in seiner Forschung den unschätzbaren Bezug zwischen der Gehirnreifung und dem kindlichen Verhalten hergestellt. Dr. Sue Johnson ist eine weitere klare Stimme in der Fachwelt, die ich sehr bewundere. Sie hat betont, wie die emotionale Verbundenheit zwischen uns Menschen für unser gesamtes Leben von Bedeutung ist. Ich habe mich darüber hinaus stark auf meine ehemalige Mentorin, die Psychologin Kirsti R. Haalands, und ihren Respekt vor dem Kind und der Familie und ihre Erkenntnis gestützt, dass wir ein familiäres Gleichgewicht erst erschaffen müssen – gemeinsam.

Des Weiteren gebührt meinen Osloer Kollegen in meiner Praxis Dank, die mir immer wieder neue Erkenntnisse bescheren, mich zwingen, meine Position zu hinterfragen und mir Perspektiven aufzeigen – durch unsere Zusammenarbeit, unseren fachlichen Austausch und unsere Freundschaft.

Bedanken möchte ich mich auch bei «meinen» Psychologen Arne Jørgen Kjosbakken, Agnete Halrynjo, Johanne Thornes und Henriette Konradsen.

Ich hätte noch viele weitere Namen meines Fachgebietes nennen können, die mir als Inspirationsquelle gedient haben. Ein großes Dankeschön gilt allen, die weiter über die Entwicklung des Kindes forschen, etwas darüber veröffentlichen und ihre Erkenntnisse weitergeben.

Dass ich mein erlerntes Wissen auf praktische Alltagssituationen hin anwenden kann, verdanke ich meinen Klienten. Ich liebe jeden Moment meiner Arbeit als Therapeutin und weiß es sehr zu schätzen, dass Sie mir einen Einblick in Ihr Leben und in Ihre Familie gewähren. Ihnen möchte ich meinen größten Dank aussprechen.

Nicht zuletzt gebührt meinen drei Söhnen und dem Mann in meinem Leben Dank: Max, Klas, Mikkel und Kjetil. Ihr seid es, die mich jeden Tag zum Lächeln bringen und für mich den Sinn des Lebens ausmachen – und ihr seid es auch, die mich dazu bewogen haben, dieses Buch zu schreiben.

EINE KLEINE LITERATURLISTE

Johnson, Sue. Halt mich fest. Sieben Gespräche zu einem von Liebe erfüllten Leben. Emotionsfokussierte Therapie in der Praxis. Junfermann 2011.

Juul, Jesper: Dein kompetentes Kind. Auf dem Weg zu einer neuen Wertgrundlage für die ganze Familie. Rowohlt 2009.

Siegel, Daniel J.; Bryson, Tina Payne. Disziplin ohne Drama. Achtsame Kommunikation mit Kindern. Arbor 2015.

Siegel, Daniel J.; Hartzell, Mary. Gemeinsam leben, gemeinsam wachsen: Wie wir uns selbst besser verstehen und unsere Kinder einfühlsam ins Leben begleiten können. Arbor 2009.

Walker, Matthew. Das große Buch vom Schlaf. Die enorme Bedeutung des Schlafs – Beste Vorbeugung gegen Alzheimer, Krebs, Herzinfarkt und vieles mehr. Goldmann 2018.

Das für dieses Buch verwendete Papier ist FSC®-zertifiziert.